「十四五」国家重点图书
国家重大出版工程

中国国家人文地理

山东 潍坊

《中国国家人文地理》编委会 编

中国地图出版社·北京

国家出版基金项目
NATIONAL PUBLICATION FOUNDATION

图书在版编目（CIP）数据

潍坊 / 《中国国家人文地理》编委会编. -- 北京 : 中国地图出版社，2017.10（2022.10 重印）
（中国国家人文地理）
ISBN 978-7-5204-0162-3

Ⅰ. ①潍… Ⅱ. ①中… Ⅲ. ①潍坊－概况 Ⅳ. ① K925.23

中国版本图书馆 CIP 数据核字 (2017) 第 229867 号

潍坊（中国国家人文地理）
WEIFANG（ZHONGGUO GUOJIA RENWEN DILI）

出版发行	中国地图出版社		
社　　址	北京市白纸坊西街3号	邮政编码	100054
电　　话	010-83543926	网　　址	www.sinomaps.com
印　　刷	北京时尚印佳彩色印刷有限公司	经　　销	新华书店
成品规格	185mm×250mm	印　　张	18
字　　数	280千字		
版　　次	2017年10月第1版	印　　次	2022年10月北京第3次印刷
定　　价	168.00元		

书　　号　ISBN 978-7-5204-0162-3
审 图 号　GS（2017）1701号

中国国家
人文地理

《中国国家人文地理》编辑委员会

目 录

总 序

《周易》曰："观乎人文，以化成天下""仰以观于天文，俯以察于地理，是故知幽明之故"。察地理、观人文，体现的是中华民族对自然环境和社会人文的关注，是道法自然与教化天下的情怀。

中华民族有 5000 多年连绵不断的文明史，而承载中国历史文化的地理空间是广袤复杂的。在一个辽阔的地域上，由于地理环境、人群构成、社会历史发展进程的不同，自然、经济、人文、社会等诸方面存在着明显的地域差异，也孕育了不同特质、各具特色的地域景观。

中国是一个统一的多民族国家，中华文化是丰富多彩又浑然一体的文化。一方水土养一方人，一方水土孕育一方文化，一方文化影响一方经济、造就一方社会。不同个性特质、各具鲜明特色的地域文化，不仅是源远流长的中华文化的有机组成部分，也是中华民族的宝贵财富。地域文化的发展既是地域经济社会发展不可忽视的重要组成部分，又是地方经济社会发展的窗口和品牌，已成为增强地域经济竞争能力和推动社会快速发展的重要力量。

这套《中国国家人文地理》丛书，以地级行政区域为地理单位，从时间和空间两个维度，以历史为线索，以地理为载体，权威、立体、详细地展现地域的历史文化、人文资源、地理国情、生态环境以及经济社会发展，并归纳提炼出特色地域文化，打造城市名片，可以称得上是一部区域的"百科全书"，对提升城市软实力，扩大对外影响力，助推地方经济和社会发展具有重要意义。其实，这套丛书的意义远远超出地理区域，它展示和讲述的虽然只是一个个具体的局部，但它为人们提供了一个个不同的视角、一个个不同的出发地，让人们多角度地去认识一个多元一体化的伟大国度，从而生动具体地领略它的包容博大、多姿多彩、生机勃勃。正因为如此，这套丛书绝非地域推介的集成，而是一套从个性出发，了解我们国家全貌、民族完整历史的教科书。丛书将文字、图片、地图、信息图表相融合的设计，为传统的图书注入了新的视觉体验，以雅俗共赏的方式将中华文化和各地人文地理的精华呈现给社会大众，为读者带来了一份精彩的文化大餐。

这套丛书从策划到执行，都得到了中央、国家有关部委和地方各级政府的大力支持，并已列入“十三五”“十四五”时期国家重点出版物出版专项规划和国家重大出版工程，这体现了国家对它的认可和重视。丛书的出版，必将充分发挥出版记录历史、传承文明、宣传真理、普及科学、资政育人的功能，为弘扬中华优秀传统文化，增强中华文化软实力，扩大中华文化影响力，建设社会主义文化强国作出重要贡献，并为中华文化走出去提供助力。

编撰《中国国家人文地理》丛书是新时代文化领域的一件大事。因此，我欣然为这套丛书作序，并相信全国将会有更多的城市陆续参与到这一大型图书工程中来，共同讲好中国故事，传播好中国声音，凝聚中国力量，建设美丽中国，为中华文化增色添彩。

第十一届全国政协副主席

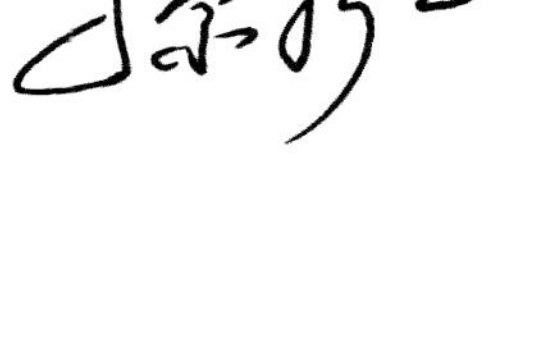

序

这里，有着 8000 多年的文明历史。

这座城，叫潍坊，又名“鸢都”，是世界风筝都和全国文明城市、全国卫生城市、国家森林城市、国家园林城市、国家环保模范城市、国家食品安全示范城市、中国优秀旅游城市。

如今，潍坊将浓缩成一本书，走进千家万户。“中国国家人文地理”丛书是了解祖国大好河山的极佳读物，深受广大读者喜爱。潍坊入选该套图书是潍坊悠久的历史、灿烂的文化使然，也是当今海内外潍坊人文化自信的体现。

潍坊，古称“北海郡”“潍州”“潍县”，位于山东半岛中部，是重要的区域性中心城市和海滨城市，辖四区六市两县，并设有国家级高新技术产业开发区、滨海经济技术开发区、综合保税区和省级峡山生态经济发展区，陆地面积 1.61 万平方千米，海域面积 1421 平方千米。潍坊资源丰富，北部有 4462 平方千米的浅海、滩涂和滨海平原，已发现矿产资源 58 种，蓝宝石、地下卤水净储量为全国第一。潍坊交通发达，是全国公路交通主枢纽城市，普通国省道通车里程为 1723 千米，有 6 条高速公路和 10 条铁路过境；潍坊机场为 4D 级军民合用机场，已开通至北京、上海、广州等地客货运航线 15 条，通达城市 17 个；乘高铁到胶东机场仅需 20 分钟；潍坊港已发展成为黄三角港口群最具潜力的综合性港口。潍坊会展经济发达，截至 2021 年年底，已连续成功举办 38 届国际风筝会、26 届鲁台经贸洽谈会、10 届中国画节、13 届文展会、7 届中日韩产业博览会、22届蔬菜科技博览会、21届花卉博览交易会、19届北方绿化苗木博览会。

潍坊历史悠久。早在新石器时代，就有先民在潍坊一带繁衍生息，这些古老部落的居民被称为“东夷人”，由他们创造出来的古老而神秘的文化被称为“东夷文化”。秦时，潍坊大部分地区属胶东郡、齐郡、琅邪（今名琅琊）郡管辖，隋开皇十六年（596年）置潍州，唐朝时由河南道的青州、密州管辖，北宋时由京东东路的青州、潍州、密州三州管辖，元朝时直属中书省管辖，明朝时分属山东承宣布政使司的青州和莱州管辖，清朝时为山东省青州、莱州、沂州管辖。

潍坊人杰地灵。东汉经学大师郑玄开辟了一个新的学派——郑学，标志着经学进入一个“统一时代”，他编辑、注释了“三礼”，被后世治礼学者奉为典范；北魏贾思勰撰写了天下第一农书《齐民要术》，被后人尊称为“农圣”；北宋名家张择端，以一幅《清明上河图》描绘了东京汴河沿岸风光，为后世留下了极为珍贵的艺术精品；宋代女词人李清照、金石学家赵明诚伉俪在潍坊合著了金石第一录——《金石录》，是研究古代金石学首读之书；明朝万历年间青州府状元赵秉忠的殿试卷，被称为“天下第一卷”，是研究明代科举制度和思想文化的宝贵资料；清代名臣刘墉，为官清正廉明，参与编撰《四库全书》，书艺独具风采；“扬州八怪”之一的郑板桥，在潍县（今潍坊市）任县令八年，留下了大量与潍县有关的文墨诗词；金石学家陈介祺是誉满华夏的收藏大师，作品《十钟山房印举》被誉为“印谱之冠，印学之宗”……

潍坊文化底蕴丰厚，拥有全国首批七个国家级文化生态保护区之一——齐鲁文化（潍坊）生态保护区。这里在历史上属于“海岱文化圈”，是齐文化继承与传播的中心区域。融农耕文化、渔盐文化、手工文化和商贸文化为一体的潍水文化，具有鲜明的半岛型复合性文化特点。截至2022年10月底，保护区内现有世界文化遗产1处，全国重点文物保护单位22处，省级文物保护单位171处，国家级和省级历史文化名城各1座，馆藏文物51.9万余件（套）。潍坊的风筝、年画、嵌银、布艺、泥塑、核雕、丝绸、仿古铜等都是传统文化的璀璨明珠。潍坊拥有联合国教科文组织非物质文化遗产名录2项，国家级非物质文化遗产代表性项目17项，省级代表性项目99项；国家级代表性传承人9名、省级54名；国家级非物质文化遗产生产性保护基地1个、省级非物质文化遗产生产性保护基地7个；中国民间文化艺术之乡4处、山东省民间文化艺术之乡14处。

革命战争时期，一大批革命先烈用生命在这片热土上谱写了壮丽诗篇。1919年5月9日，以益都（今青州）县城的省立第十中学、省立第四师范师生为先导的师生，点燃了潍坊地区五四新文化运动的熊熊烈火；革命先驱王尽美和邓恩铭一起到上海出席了中共一大；中共潍县县委是齐鲁大地上第一个中共县委；抗日名将马保三创建了“鲁东抗日游击队第八支队”，领导了潍坊抗战史上的大捷——五井战役；华东野战军山东兵团在司令员许世友、政委谭震林的指挥下，夺取了震撼鲁东的潍县攻坚战的胜利；陈少敏被毛主席称赞为“白区的红心女战士，无产阶级的贤妻良母”。

中华人民共和国成立后，尤其是改革开放以来，勤劳朴实的潍坊人民在党的领导下，与时俱进、勇于创新、埋头苦干，短短40余年时间，全市综合实力显著增强，改革开放深入推进，文化事业和文化产业繁荣发展，生态环境不断优化，群众收入持续增长。40余年来，潍坊的改革创新成果丰硕，从商品经济大合唱、贸工农一体化，到农业产业化，始终走在农业农村改革发展的前列，形成了习近平总书记肯定的“诸城模式”“潍坊模式”“寿光模式”。潍坊的经济体制改革同样精彩纷呈，发端于诸城的中小企业股份制改造，拉开了国有中小企业产权制度改革的帷幕，为潍坊实体经济尤其是制造业发展奠定了坚实基础。以潍柴、晨鸣、歌尔、盛瑞、孚日、豪迈、雷沃、得利斯等为代表的一大批潍坊企业发展势头强劲，盛瑞 8AT 项目、潍柴重型商用车动力总成关键技术及应用先后获得国家科技进步一等奖。

韶光开令序，淑气动芳年。站在新时代的起点上，潍坊市委、市政府将团结带领全市人民，以习近平新时代中国特色社会主义思想和党的二十大精神为指导，认真贯彻党中央各项决策部署，在中共山东省委的坚强领导下，深入落实习近平总书记视察山东重要讲话、重要指示批示精神，坚持稳中求进工作总基调，坚持新发展理念，坚持高质量发展，坚持以供给侧结构性改革为主线，坚持深化市场化改革、扩大高水平开放，以新旧动能转换重大工程为引领，加快实施创新驱动发展战略，聚焦聚力推进乡村振兴等重点工作，继续打好三大攻坚战，统筹推进稳增长、促改革、调结构、惠民生、防风险，加快塑造高质量发展新优势，促进经济持续健康发展和社会和谐稳定，努力把潍坊建设成为富裕文明、充满活力的现代化强市。

中共潍坊市委宣传部

潍坊名片
青州宋城

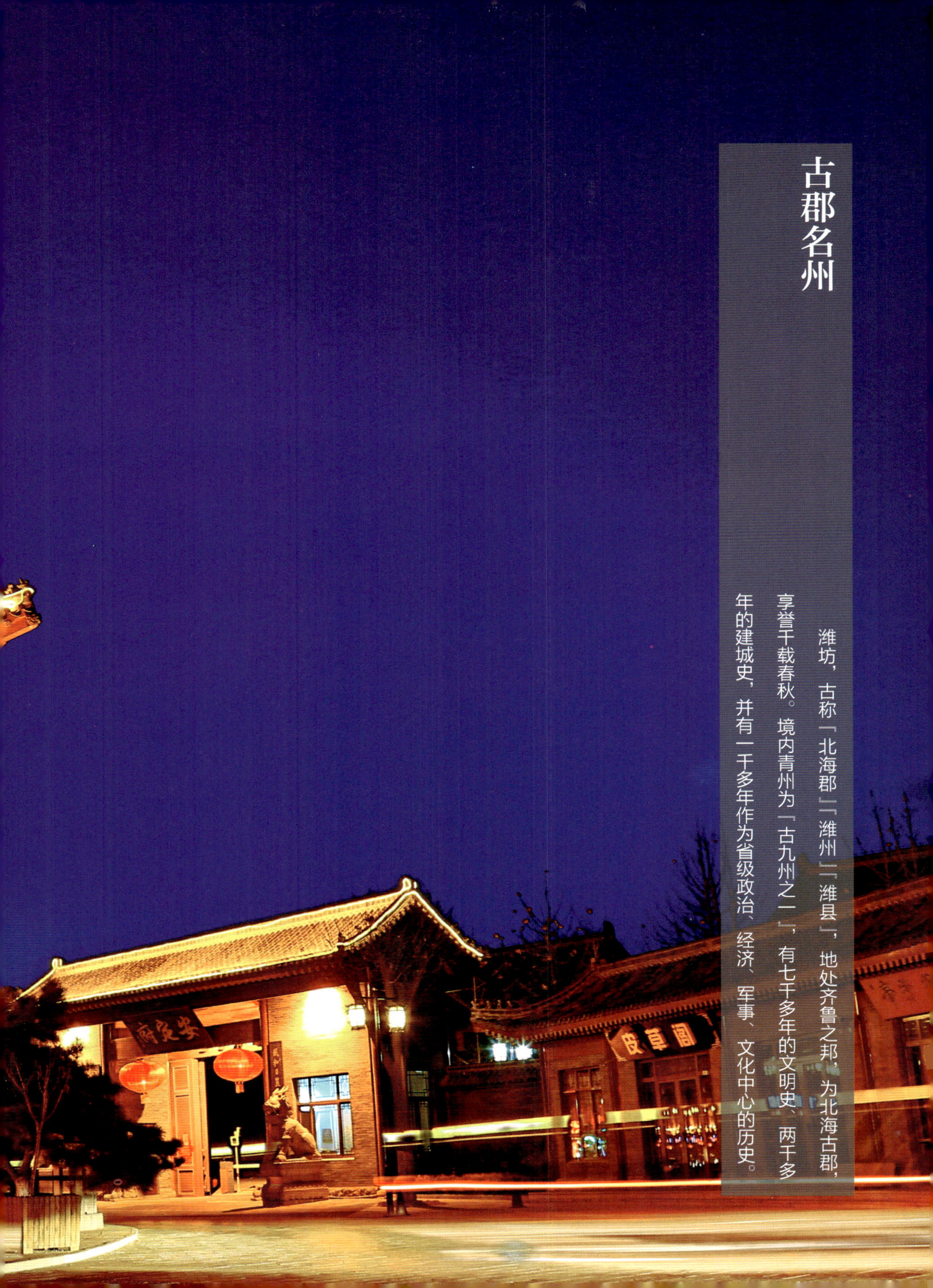

古郡名州

潍坊，古称「北海郡」「潍州」「潍县」，地处齐鲁之邦，为北海古郡，享誉千载春秋。境内青州为「古九州之一」，有七千多年的文明史、两千多年的建城史，并有一千多年作为省级政治、经济、军事、文化中心的历史。

世界风筝都

潍坊是中国风筝文化的发祥地。潍坊风筝至今已有两千多年的历史。一九八八年四月，第五届潍坊国际风筝会主席团会议推举潍坊为『世界风筝都』。潍坊风筝制作技艺被列为第一批国家级非物质文化遗产。潍坊现为国际风筝联合会总部所在地，也是『国际风筝会』的固定举办地。

福

世界手工艺与民间艺术之都

明清时期，潍坊就以「二百只红炉，三千铜铁匠，九千绣花，十万织布机」闻名遐迩，有「南苏州、北潍县」的美誉。如今，潍坊风筝、木版年画、剪纸、嵌银漆器、核雕等传统手工艺与民间艺术精品誉声海内外。二〇二一年，经联合国教科文组织批准，潍坊市荣膺世界「手工艺与民间艺术之都」称号，成功加入全球创意城市网络。

大好春光
味葉寫

中国画都

潍坊文脉兴盛，自古便是笔墨丹青的耕耘之地。被誉为山水画「古今第一」的宋代画家李成《清明上河图》的作者张择端皆出于此，诗书画「三绝」的郑板桥曾在此担任县令。一代代书画巨匠衣钵相传，以国画为代表的「潍坊画派」更是融贯百年春秋，羽翼渐丰，最终成就了潍坊「中国画都」的荣名。

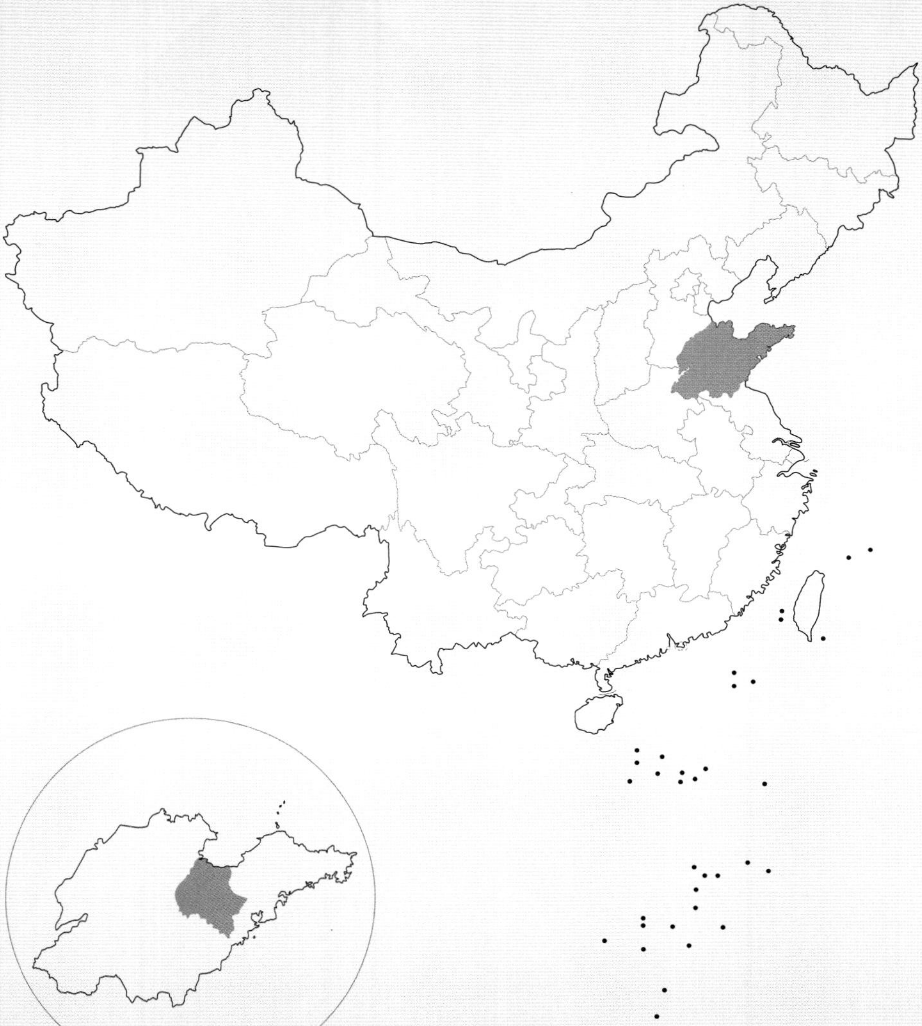

潍坊在山东的位置示意图

山东在中国的位置示意图

潍坊概况

地理区位
行政区划
地形地貌
人口
气候
经济
交通
水资源

潍坊市土地面积为1.61万平方千米，约占山东省土地面积的10%

地理区位

潍坊市位于山东半岛中部，居半岛城市群中心位置，地跨东经118° 10′～120° 01′，北纬35° 41′～37° 26′，南依泰沂山脉，与临沂、日照两市相邻，北濒渤海莱州湾，东与青岛、烟台两市相接，西与东营、淄博两市为邻，地扼山东内陆腹地通往半岛地区的咽喉，胶济铁路横贯市境东西，是山东半岛蓝色经济区、黄河三角洲高效生态经济区和山东半岛国家自主创新示范区的叠加区。

行政区划

潍坊市辖奎文、潍城、坊子、寒亭4个区，青州、诸城、寿光、安丘、高密、昌邑6个县级市，临朐、昌乐2个县。

地形地貌

潍坊市陆地面积1.61万平方千米，地势南高北低。南部为低山丘陵区，海拔在100米以上。西南部为山区，是潍坊主要河流的发源地。地势最高点为临朐沂山主峰玉皇顶，海拔1032米。中部和东部为洪积、冲积平原区，由弥河、丹河、白浪河和潍河长期冲积而形成，海拔7~100米。北部滨海地区地势低平，海拔在5米以下，沿海滩涂广阔。

莱州湾
潍坊港
小清河
白浪河
弥河
潍河
渠河
胶河
峡山水库
寿光市
寒亭区
昌邑市
青州市
昌乐县
潍城区
奎文区
坊子区
临朐县
安丘市
高密市
诸城市
潍坊市
羊口镇
大家洼街道
营里镇
央子街道
台头镇
田柳镇
侯镇
化龙镇
上口镇
古城街道
龙池镇
柳疃镇
卜庄镇
文家街道
圣城街道
固堤街道
奎聚街道
围子街道
高柳镇
何官镇
洛城街道
稻田镇
高里街道
都昌街道
孙家集街道
益都街道
纪台镇
开河街道
北关街道
寒亭街道
东夏镇
宝城街道
郜庄镇
清池街道
王府街道
宋刘街道
东关街道
饮马镇
云门山街道
谭坊镇
宝都街道
甘里堡街道
黄楼街道
望留街道
九龙街道
五图街道
弥河镇
凤凰街道
坊安街道
王坟镇
坊城街道
北孟镇
大牟家镇
红山
256
山旺镇
乔官镇
黄旗堡街道
城关街道
东城街道
太保庄镇
营丘镇
新安街道
姜庄镇
五井镇
郚部镇
赵戈镇
夏庄镇
洪山
365
柳山镇
兴安街道
冶源镇
辛寨镇
石堆镇
醴泉街道
阚家镇
朝阳街道
红河镇
密水街道
凌河镇
金家子镇
柏城镇
寺头镇
大盛镇
景芝镇
蒋峪镇
井沟镇
大安山
467
官庄镇
郚山镇
辉渠镇
柴沟镇
九山镇
擂鼓山
468
柘山镇
相州镇
石桥子镇
石埠子镇
舜王街道
锡山子
172
百尺河镇
昌城镇
辛兴镇
贾悦镇
林家村镇
密州街道
龙都街道
枳沟镇
皇华镇
三角山
239
老桃山
277
桃林镇
地级行政中心
县级行政中心
饮马镇
乡、镇、街道
地级界
县级界
在建
高速公路
国道
省道
铁路
河流、湖泊

潍坊市行政区划示意图

人口

截至 2021 年年末，潍坊市常住人口 940 万人，居山东省第三位。其中，城镇人口 612.9 万人，乡村人口 327.1 万人。常住人口城镇化率 65.2%，比上年提高 0.8 个百分点。根据第七次全国人口普查，潍坊境内有回、满等少数民族 55 个，约 6.2 万人。

潍坊市户籍人口构成

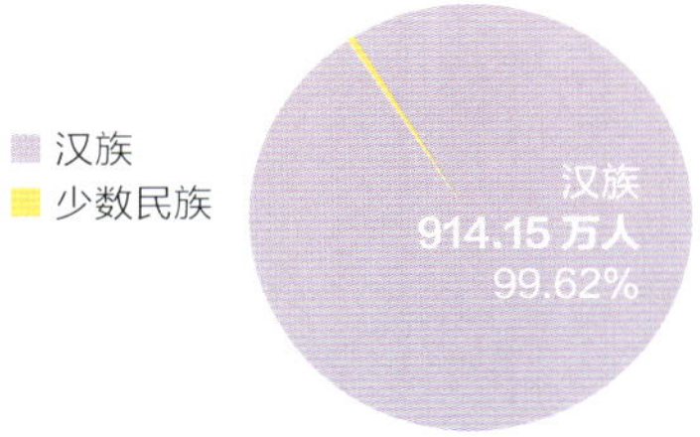

放风筝的孩子们

气候

潍坊市处于北温带季风区，背陆面海，属暖温带季风性气候。全市年平均气温 13.4℃，年平均降水量 634.9 毫米，年日照时数 2378.3 小时。

潍坊 气候特点

春季风多雨少

夏季炎热多雨

秋季天高气爽

冬季寒冷干燥

经济

潍坊市 2021 年三次产业结构比例

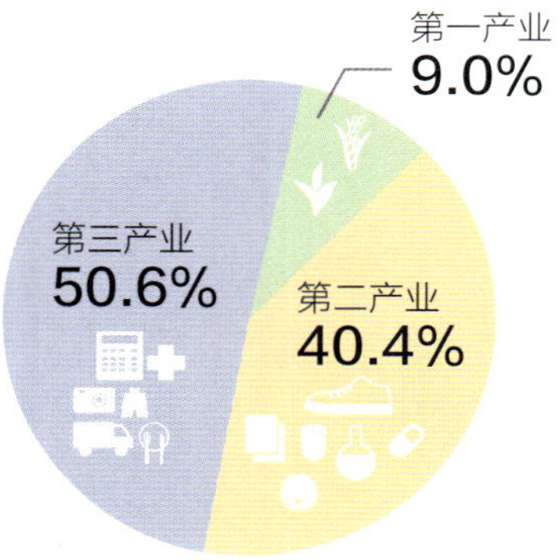

2021 年，潍坊市实现 GDP7010.6 亿元，按可比价格计算，比上年增长 9.7%。其中，第一产业增加值 628.4 亿元，第二产业增加值 2831.4 亿元，第三产业增加值 3550.9 亿元。按常住人口计算，人均 GDP 达到 74606 元。根据抽样调查，全市居民人均可支配收入 37103 元。其中，城镇居民人均可支配收入 46616 元，农村居民人均可支配收入 24007 元。

蔬菜大丰收

农业

2021 年，潍坊市农林牧渔业总产值 1183.5 亿元，按可比价格计算，比上年增长 8.5%。其中，农业产值 630.4 亿元，林业产值 8.6 亿元，牧业产值 338 亿元，渔业产值 108.2 亿元，农林牧渔专业及辅助性活动产值 100.1 亿元。粮食播种面积 1027.9 万亩，粮食总产量 435.9 万吨。猪牛羊禽肉总产量 114.4 万吨，禽蛋产量（不含小品种）37.9 万吨，牛奶产量 19.1 万吨，水产品总产量 49.1 万吨。

潍坊市 2021 年农业主要产品产量:

单位：万吨

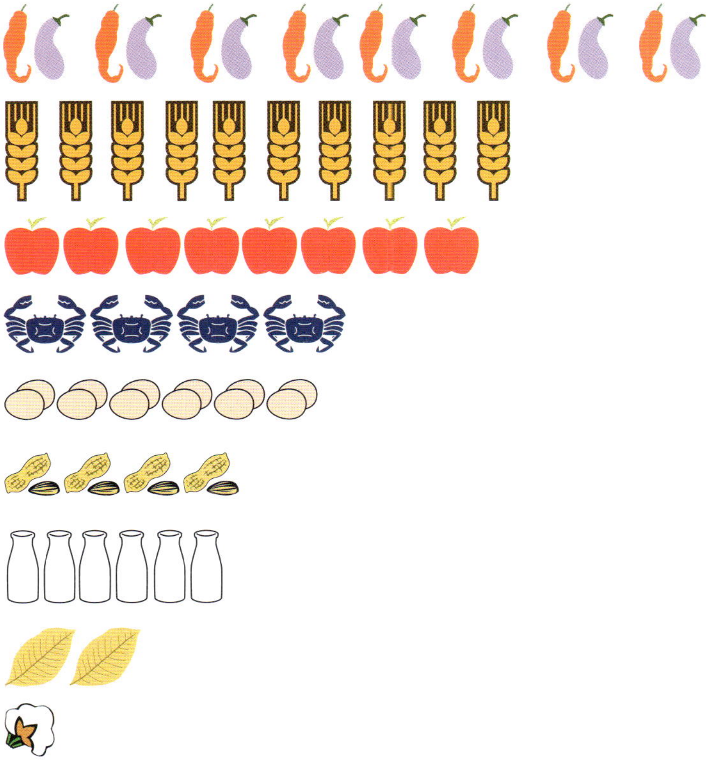

蔬菜及食用菌	1306.6
粮食	435.9
园林水果	100.8
水产品	49.1
禽蛋	37.9
油料	17.9
牛奶	19.1
烤烟	1.7
棉花	0.4

制造业

2021 年，潍坊市规上工业增加值同比增长 12.5%，高于山东省 2.9 个百分点，为 2013 年以来最高增速。全市规上工业总产值达到 10797.5 亿元、营业收入达到 10929.1 亿元，实现“双过万亿”，分别同比增长 23.6%、21.7%。

潍坊市拥有山东省“十强”产业“雁阵形”集群 11 个，山东省特色产业集群 3 个，“5 个千亿级 +10 个 500 亿级”重点产业链初步形成。全市现有世界 500 强企业 1

家，国家级制造业单项冠军企业（产品）17 家、专精特新“小巨人”企业 27 家，省级制造业单项冠军 83 家、瞪羚企业 107 家、“专精特新”中小企业 304 家、“隐形冠军”企业 64 家。其中，省级制造业单项冠军、“隐形冠军”数量居山东省第一，潍坊被誉为“冠军企业之都”。

潍坊市累计建设 5G 基站 8434 个、开通 8032 个，入选山东省 5G 试点示范项目 12 个，上云企业突破 1.4 万家，工业互联网应用场景达到 26 处。

盛瑞传动

潍坊市河流流域面积

50 平方千米以上
102 条

100 平方千米以上
63 条

1000 平方千米以上
12 条

文化旅游

潍坊市现有国家级文化产业示范基地等 6 家，省级文化产业示范基地等 39 家；国家级全域旅游示范区 1 家、山东省全域旅游示范区 3 家；A 级旅游景区 90 家，其中 5A 级 2 家、4A 级 23 家。

2021 年，潍坊市获评国家文化和旅游消费试点市，实现文化及相关产业增加值 261.6 亿元，旅游及相关产业增加值 330.6 亿元，双增速位于山东省第一位，文化旅游业成为潍坊市经济的重要支柱产业。

2021 年接待游客 6455.54 万人次
同比增长 27.33%

旅游总收入 716.11 亿 元
同比增长 40.69%

沂山风景美

交通

潍坊市交通发达，有 6 条高速公路、6 条国道、14 条省道穿境而过。普通国省道全部达到二级以上公路标准，通车里程为 1723 千米。实现了“县县通高速”“村村通油路”。

潍坊高铁北站汇集了京沪高铁、济青高铁、潍莱高铁，成为涵盖北京、上海、济南、青岛、烟台五个方向的山东省三个高铁枢纽站之一。

潍坊港年吞吐量突破 5000 万吨，已发展成为黄三角港口群最具潜力的综合性港口。

潍坊机场为 4D 级军民合用机场，已开通至北京、上海、广州等地客货运航线 15 条，通达城市 17 个。

全国性综合交通枢纽城市

高铁穿过希望的田野

水资源

潍坊市多年平均水资源量为 24.55 亿立方米，人均水资源占有量为 262 立方米。潍坊市主要有潍河、弥河、白

浪河、胶莱河和小清河 5 条骨干河流，现有大中小型水库 532 座。

峡山水库

历史与遗存

潍坊历史沿革图

1 新石器时代

为古代东夷人的主要活动地区
大汶口文化中晚期，活动在寿光弥河以西滨海地带的古老部族夙沙氏首创“宿沙作煮盐”海盐生产工艺。“宿沙作煮盐”成为中国海盐业的开端

2 夏商周

有斟灌、斟鄩、寒、三寿等封国
寿光市双王城古海盐场遗址群是殷商至西周早期的盐业中心

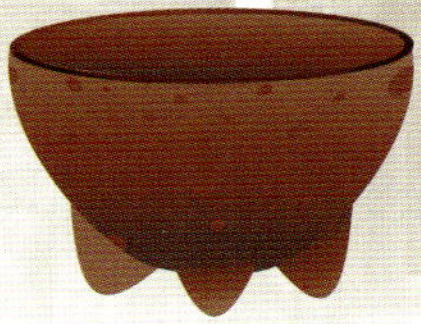

3 春秋战国时代

分属齐、鲁、杞、莒等国

4 秦代

分属胶东、临淄、琅邪三郡
公元前203年，韩信率汉军于潍水歼灭楚、齐联军，史称潍水之战

5 西汉

为青、徐二州刺史部所辖，分属北海、琅邪、齐三郡和菑川、高密、胶东三国
征和四年（公元前89年）汉武帝巡行青州

6 东汉

分属北海、乐安、齐、琅邪四国，为青、徐二州所辖

7 三国时期

为魏国地，属青、徐二州，北海、齐二国，乐安、城阳、东莞三郡

8 西晋

属青、徐二州，北
乐安二国，城阳、
二郡

14 元

属中书省山东
慰司益都路

白浪河

白浪河水库

6 清代

庆二十五年（1820年），
山东省为青州、莱州、
州三府所辖

5 明代

武九年（1376年），
行中书省制，设山东承
布政使司，下辖济南、
州、莱州等共六府，今
境属青州、莱州二府

武十年（1377年）降
州为潍县

17 民国

1920年，滕虎忱等人创办华丰机器厂，这是当时华北最大的现代机器制造企业，潍县成为中国除上海外第二座能够生产柴油机的城市

1925年，潍县、昌邑、高密、安丘、诸城、昌乐6县属莱胶道，寿光、益都、临朐3县为淄青道所辖。1927年，各县（市、区）均直属山东省

18 中华人民共和国

1948 年 4月27日，潍县解放

1948年6月，设昌潍专区。1967 年3月，改昌潍专区为昌潍地区。1981年7月，改昌潍地区为潍坊地区

1983年10月，撤销潍坊地区建制，改建省辖（地专级）市，沿用原潍坊名称，实行市管县体制

至2018年，潍坊市辖4区、6市、2县、4 个市属开发区

13 宋代

北宋时，属京东东路，青、潍、密三州。南宋属山东东路置益都府及潍、密二州

12 唐代

武德二年(619 年) 重置潍州

开元二十九年（741年）以后，属河南道青、密二州

10 南北朝

先后由刘宋、北魏、东魏、北齐占据

11 隋代

开皇六年（586年）设潍水县（即原胶东县）

开皇十六年(596年）置潍州

9 东晋

隆安三年（399年），鲜卑族慕容德占据青、徐二州，次年于青州广固城称帝，史称“南燕”

历史概况

早在新石器时代，潍坊潍河、弥河故道旁就有先民居住。在这里生活的古老部落居民被称为“东夷人”，他们创造出丰富多彩的东夷文化，东夷文化是华夏文明的源头之一。

东周时期，潍坊属齐地，北临渤海，具有“鱼盐之利”。秦时设郡县，潍坊大部分地区属胶东郡、齐郡、琅邪（今名琅琊）郡。汉武帝元封五年（前 106 年）设青州刺史部，驻广县（地在今青州市境内）。东晋十六国时期，鲜卑人慕容德建立南燕政权，其都城位于广固城（今潍坊青州市）。隋开皇十六年（596 年）置潍州。

这一时期，作为佛教传入汉地最早的地区之一，潍坊成为齐鲁境内的佛教中心，留下大量的佛教文化遗迹，如青州龙兴寺佛教造像窖藏和驼山、云门山、石门坊石窟造像群等。

北宋时期，潍坊属京东东路，青、潍、密三州。元时属中书省山东东西道宣慰司益都路。明朝时为青州、莱州二府所辖，明洪武十年（1377 年）降潍州为潍县。清朝时为青州、莱州、沂州三府所辖，民国时期先后属胶东道、莱胶道和淄青道。明清时期，潍坊成为中国手工艺之都，风筝和木版年画等手工艺全国闻名，许多珍贵的文化遗产传承至今。解放战争时期，这里发生了著名的“潍县攻坚战”，人民解放军华东野战军山东兵团在司令员许世友、政委谭震林的直接指挥下战胜了国民党军将领陈金城率领的第九十六军，攻克潍县县城。这也是人民解放军在华东战场上的第一次攻坚战，是一次具有重大意义的胜利。

潍县解放后，中共中央、华东局非常重视对潍县的接管，于 1948 年 4 月，建立潍坊特别市，直属华东局，由曾山任第一任市委书记。1948 年 6 月，华东局宣布成立中共昌潍地委。1949 年 3 月，中共华东

潍坊历史地图（1820 年）

中央局南下，昌潍地委改属中共山东分局。1949 年 6 月，潍坊特别市改称潍坊市，仍为省辖市。1950 年 5 月，潍坊市撤销，并入昌潍专区。1951 年又重建潍坊市，为县级市，属昌潍专署。1981 年 7 月，昌潍地区改名潍坊地区。1983 年 10 月，撤销潍坊地区建制，改建省辖（地专级）市，沿用原潍坊名称，实行市管县体制。

“潍坊”的“潍”，在隋朝以前专指潍水（即现在的潍河，是市内第一大河），隋朝以后又指地名，潍州、潍县，均源于潍水。“潍坊”

的“坊”源于坊子。据传，古驿道一般自州县向外十里为亭、二十里为堡、三十里为坊。唐朝在潍州南往安丘、诸城驿道三十里处筑一方土堆，以示标志。清末有人在此开一客店，以土方堆取名“坊子店”。1899 年德国侵占山东，1901 年在“坊子店”东 0.5 千米处开凿第一眼煤井，取名“坊子竖坑”。次年，胶济铁路由青岛修达时建设了“坊子火车站”。清光绪三十年（1904 年），在此设立地方行政管理机构，始称坊子镇，俗称坊子街。1948 年 4 月潍县解放，潍坊特别市成立。

1950 年 7 月 15 日中国人民解放军山东昌潍特区连以上军政干部整编会议留念照

东夷文化发祥地

“东夷”分布于中国大陆东端，太平洋西岸中部的海岱地区，其范围东起海滨，西至豫东，北至辽东，南抵江淮，海岱间的潍坊地区一直是东夷人的主要发源地和聚居地。在这片区域内的东夷人，自史前直至商周，创造了灿烂的东夷文化，形成了自己独特的文化风格和民族性格，对中华文明产生了广泛而深远的影响。根据迄今为止考古发掘的资料证明，东夷文化大致以后李文化为源起，历经北辛文化、大汶口文化、龙山文化、岳石文化等重要发展阶段。潍坊市东夷文化遗存分布广泛，经过三次全国不可移动文物普查，共发现登记477处，其中，后李文化遗址2处，北辛文化遗址5处，大汶口文化遗址60处，龙山文化遗址356处，岳石文化遗址54处。

后李文化时期

据专家考证，后李文化的年代跨度在距今8500年至7500年之间，前后延续了1000余年。今潍坊境内的后李文化遗址有寒亭区前埠下遗址、诸城陆吉庄子遗址。寒亭区前埠下遗址位于寒亭区朱里镇前埠下村西，有后李文化和大汶口文化时期的灰坑、房址、墓葬堆积，文化层最深的地方约 2 米，距今约 8000 年，是目前潍坊地区考古中发现的最早的人类文化遗迹，也是后李文化在潍河流域的首次发现。这一发现填补了潍坊地区后李文化的空白，使后李文化的范围扩大至潍河流域，为研究潍坊地区新石器时代早期的历史、文化提供了重要资料。

就目前已出土的文物来看，后李文化的陶器种类比较单调，器物造型简单、古朴，釜约占陶器总数的 70% 以上，制作工艺也比较原始，流行夹砂红陶和圈足器，石器制作比较简单，骨器和蚌器出土数量亦很少，多数未能完好保存。

北辛文化时期

北辛文化距今 7300 年至 6100 年，青州桃园、临朐龙岗等遗址是重要的北辛文化遗存。青州博物馆收藏了一件北辛文化时期的陶鼎，从而确认鼎在 6000 多年前的北辛文化时期就已出现。北辛文化遗址堆积层厚达 1.5 米以上，可见原始居民曾在此地有过长期稳定的生活。从出土的打制石器看，当时生活在这里的人们已进入原始农业生产的锄耕阶段，农业是他们生活资料的主要来源。此外，养猪、狩猎、采集业也较发达。1980 年，青州市东夏镇李集村出土了一件北辛文化时期的桂叶形石铲，形体较大，长 32 厘米，弧形双面刃，磨制精致，这说明北辛文化在石器制作方面，已由打制石器向磨制石器过渡。

北辛文化是东夷文化重要的发展阶段之一。在后李文化未发现之前，人们一直认为北辛文化是东夷新石器时代文化最早的文化阶段。北辛文化是大汶口文化的源头，大汶口文化则是北辛文化的发展去向。

大汶口文化时期

大汶口文化距今约 6100 年至 4600 年，分为早、中、晚三期，其分布范围也远远大于北辛文化的分布范围。诸城市呈子遗址、安丘景芝遗址是重要的大汶口文化遗存。

1985 年春，在青州郑母镇王盘石村出土了一批大汶口文化时期的以泥质红陶为主的彩绘陶器。泥质陶的出现，表明制陶手工业者已经掌握了淘洗技术。青州弥河镇大官营村北的大汶口文化遗址中出土了一批陶器，说明制陶业已经成为当时重要的手工业部门之一。出土的石器中，还包括许多礼器化的石钺。在大汶口文化晚期，诸城开始出现了刻在大口尊上的图像文字，这是山东境内发现最早的原始文字。在同一时期，还发现了城址，这是新文明的曙光。

龙山文化时期

龙山文化距今约 4600 至 4000 年，由于其最显著的特点是薄胎的黑色陶器，故而又被称为“黑陶文化”。龙山文化的分布范围比大汶口文化更广。潍城姚官庄、寿光边线王、临朐西朱封、昌乐邹家庄、青州凤凰台等遗址是重要的龙山文化遗存。

2002 年 10 月，考古工作者在广县故城遗址（位于今青州市）发现一处龙山文化的窖藏，共出土龙山文化器物 100 多件。其中几件近似蛋壳陶，表面磨光、光亮细腻、造型美观，属于龙山文化时期制陶工艺中的精品。这一时期，东夷人的陶器制作，已由手工制陶发展到利用慢轮制陶。随着轮制技术的发展和提高，更开发出使用快轮制陶的新技术手段。龙山文化的陶器类型基本上沿袭了大汶口文化的类型，但制作技术上更先进。薄如纸、黑如漆的蛋壳陶制作技术已达到了史

龙山文化鸟喙足鼎

前人类制陶业的最高峰。

东夷人何时开始使用铜器，至今还是个谜。在龙山文化层中多处出现了铜器和铜渣，表明龙山文化时期出现了一种新兴的手工业——金属冶炼业，更标志着龙山文化社会生产力的重大发展。

岳石文化时期

岳石文化距今约4000年至3000年。岳石文化的下限，已相当于中原地区的夏商之际。青州郝家庄、安丘东古庙等遗址是重要的岳石文化遗存。

岳石文化的突出特点是发现了烧灼痕迹的卜骨和青铜工具铜锥。1984年，在青州市郝家庄遗址的岳石文化层中出土了青铜小件，证明东夷人已经掌握了青铜冶炼技术，步入了早期的青铜时代。1997年，在桓台史家遗址出土了岳石文化刻字卜骨2块，其年代相当于夏代晚期，比安阳殷墟出土的商代晚期甲骨文提前近300年。此外，岳石文化的陶器以泥质黑衣灰胎陶和夹砂褐陶为多。陶器手制为主，轮制较少。陶壁变厚，蛋壳陶已绝迹。

东夷文化发展时期

后李文化的年代跨度在距今8500年至7500年之间。后李文化的陶器种类比较单调，器物造型简单、古朴，制作工艺也比较原始。

后李文化时期

距今8500年至7500年之间

后李文化时期的陶釜

岳石文化距今约4000年至3000年。岳石文化，因最早在平度东岳石村发现而得名。现已发现的岳石文化遗址有二三百处。

岳石文化时期

岳石文化时期的陶鼎

距今约4000至3000年

岳石文化主要来源于龙山文化，它的发现与确立，不仅回答了龙山文化的去向问题，而且又开辟了东夷文化历史发展的新阶段，揭开了研究夏朝东夷文化的新篇章。

北辛文化，因在滕县（今滕州）发现的北辛遗址而得名。北辛文化是东夷文化重要的发展阶段之一。

北辛文化时期

距今 7300 至 6100 年

北辛文化时期的陶鼎

大汶口文化，因泰安大汶口墓地而得名。大汶口文化距今约 6100 年至 4600 年，分为早、中、晚三期。

大汶口文化时期

距今约 6100 年至 4600 年

大汶口文化时期的彩陶壶

龙山文化因 1928 年发现于章丘龙山镇而得名，由于其最显著特点是薄胎的黑色的陶器，故而又被称为“黑陶文化”。山东龙山文化距今约 4600 至 4000 年。

龙山文化时期

距今约 4600 至 4000 年

山文化时期的鸟形陶鬶

青州古城

青州是古九州之一。据《尚书·禹贡》记载，青州“东北据海（渤海），西南距岱（泰山）”“海岱惟青州”。据《周礼》记载，“正东曰青州”，并注释“盖因土居少阳，其色为青，故曰青州”。

历史上，青州先后建有广县城、广固城、东阳城、南阳城、东关圩子城、满洲驻防旗城六座重要城池。

西汉元封五年（公元前106年），设青州刺史部，是全国十三刺史部之一，治所广县城。到西晋时，为了加强防御功能，青州刺史曹嶷建广固城，并把青州、齐郡、临淄三级治所移到了广固城，青州逐渐成为山东地区的政治中心。东晋隆安三年（399年），鲜卑贵族慕容德在青州广固城建立南燕，为东晋十六国之一。东晋义熙六年（410年），东晋大将刘裕率师北伐，灭南燕国，夷广固城为平地，留羊穆之为青州刺史。羊穆之在广固城之东、南阳河北岸、北阳水之东另筑东阳城。北魏孝明帝熙平二年（517年），在东阳城南面的南阳河南岸修建城池，即后来的南阳城。南阳城与东阳城隔南阳河相望，是青州历史上存在时间最长（1500 余年）的一座古城，自建成后历代不断修缮加固。另外，青州境内还有东关圩子城、满洲驻防旗城两座古城池。东关圩子城位于南阳城东门外，由横跨护城河上的海岱桥与南阳城相连，始建于金元时期。清雍正八年（1730 年），为了加强山东一带的军事防御，又在青州府北城外建满洲驻防旗城，“自京派拨八旗满洲兵二千，永远驻防”。

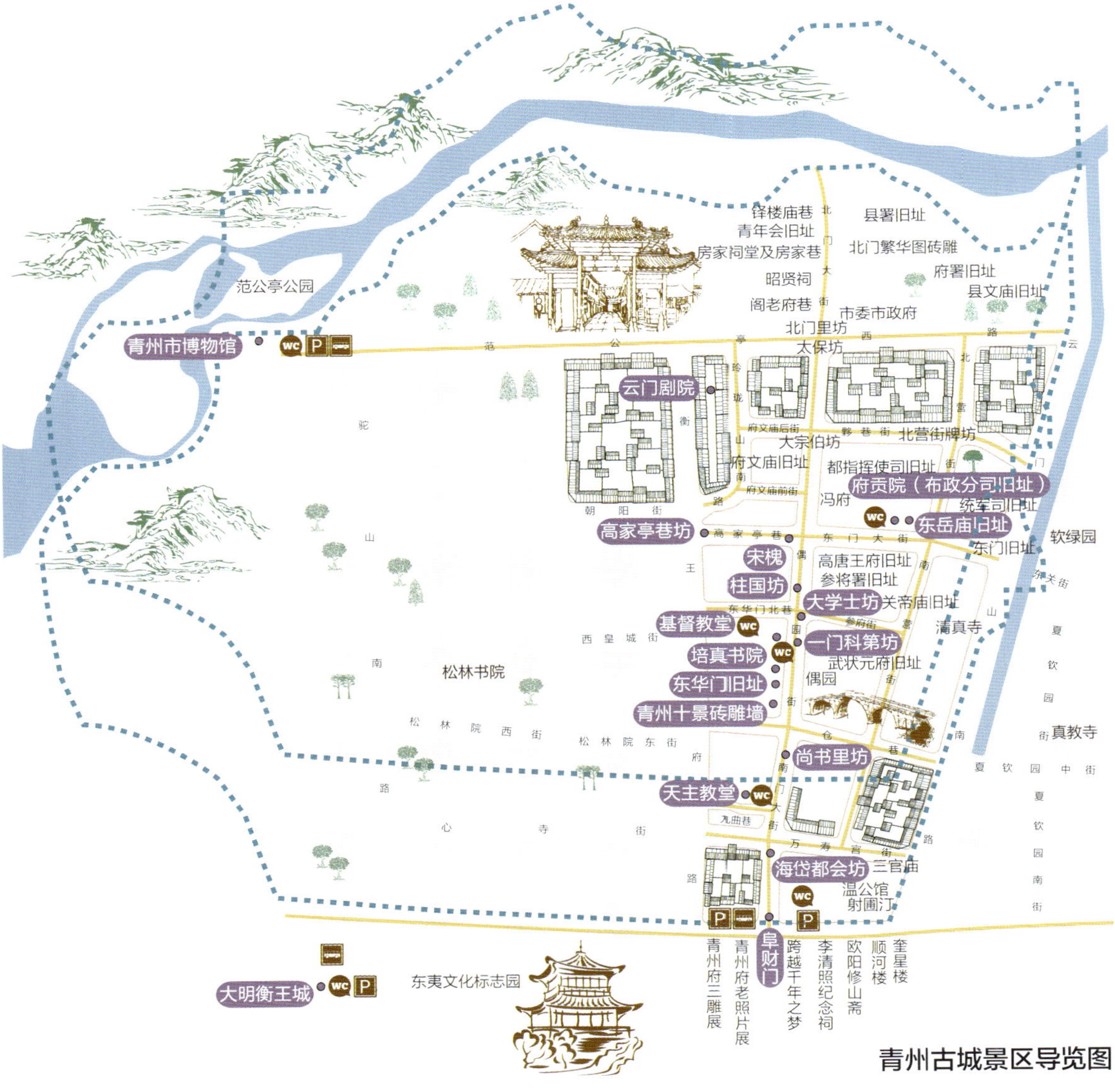

青州古城景区导览图

青州自古人杰地灵，文化兴盛。目前，青州市共发现古遗址、古墓葬、古建筑和石窟寺及石刻等文化遗产906处，可移动文物5万余件，其中国家一级文物142件，明代状元卷、东汉“宜子孙”玉璧、驼山石窟以及龙兴寺佛教造像为其中的精品。

青州已被国务院评为“国家历史文化名城”，青州古城旅游区被评定为国家5A级旅游景区。景区内现存明清古街巷上百条，大部分街巷的名称已经延续了几百年甚至上千年。街巷肌理清晰，空间布局完整，较完好地保留了古城风貌。

1929年，青州古城北门

广县城故址
建于西汉

广县城故址在今青州城西南隅的瀑水涧西侧，故城遗址的西面和北面都濒临南阳河（南阳河水在故城西北角拐弯东流）。遗址东西长约500米，南北宽约400米，面积约20万平方米。广县故城的东、西、北三面环水，南面临山，是一处易守难攻的建城之所。

广固城故址
建于西晋永嘉五年（311年）

《青州市志》对广固城故址的记载是：“遗址位于益都镇西，尧王山东南1.5千米处。西临北阳河，东至402医院到青州市食品厂的公路 南到北西关村与402医院，东北达青州市食品厂。南北约600米，东西约800米，面积约48万平方米。”

东阳城故址
建于东晋义熙六年（410年 ）

东阳城故址位于南阳河北岸，东起今青州市市立医院的东侧，南濒南阳河，西至北西关东侧，北到尧王山路。南城墙长约2400米，北城墙长约2500米，东城墙长约700米，西城墙长约1320米，总面积约250万平方米。

南阳城故址
建于北魏熙平二年（517年 ）

南阳城故址东城墙北起青云桥南头，南至青州卷烟厂，为云门山路覆压。南城墙被胶王公路覆压。西城墙南起角楼村东北200米处，北至范公亭公园，沿河岸而建。北城墙从范公亭公园沿南阳河岸而东，至青云桥南端与东城墙相接。东西长约2400米，南北宽约2000米。

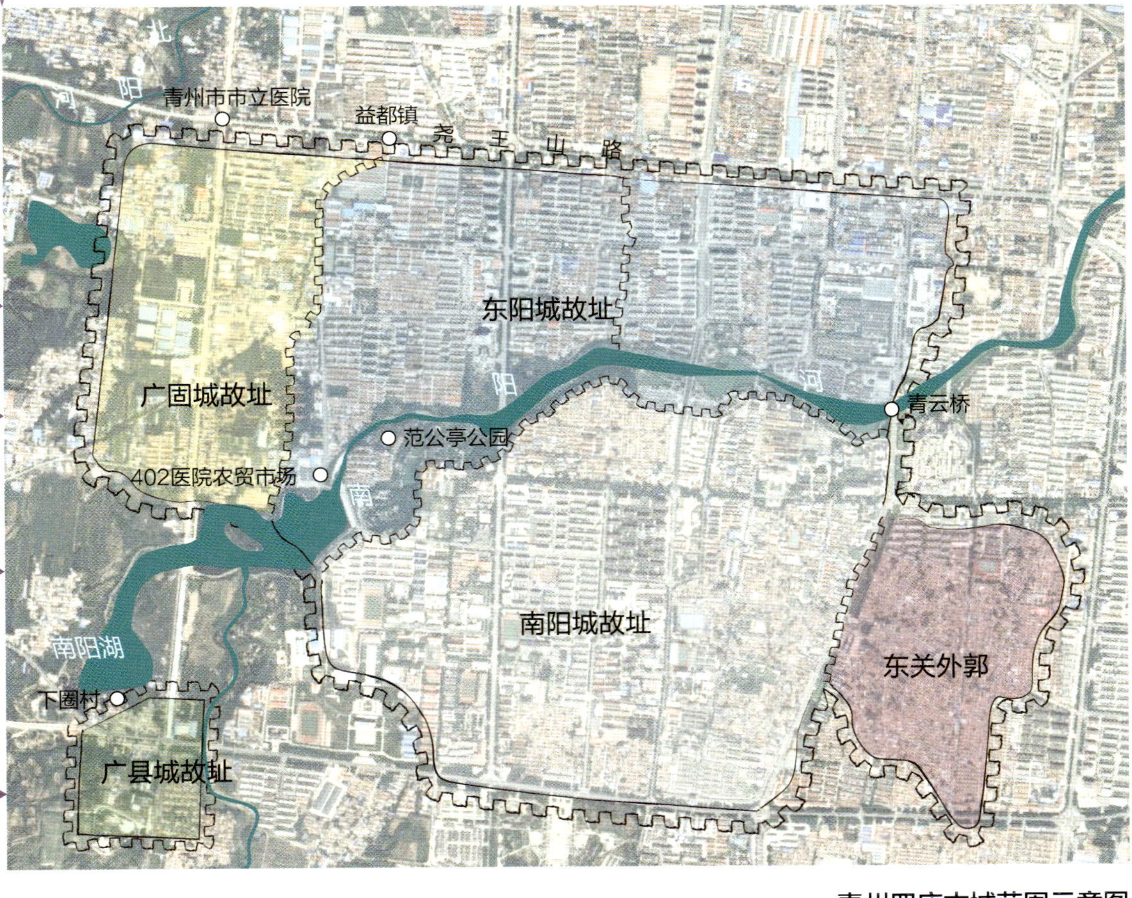

青州四座古城范围示意图

青州古城南门——阜财门

密州名府

古密州辖东武、高密、胶西、莒县、安丘诸县，治所东武（今诸城市）。隋开皇五年（585年），改胶州为密州，取境内密水为名。明洪武二年（1369年），密州州治诸城县改隶青州府。

密州之名始于隋初而废于明初，历经唐宋金元，虽然名称屡有反复，归属随朝代的更替而多次变化，但政区级别基本上保持在“州”这一较高的层次上，且治所始终在今诸城市境内。密州前后存在近800年，创造了许多辉煌，特别是苏东坡知密州时，修建的千古名胜超然台，成为邑地文化人的精神依傍。著名画家张择端生于斯地，一幅《清明上河图》历经千年岁月，依然享誉世界画坛。北宋金石学家、《金石录》的作者赵明诚也生长于此。

曾作为密州州治的今诸城市，有着悠久的历史和灿烂的文化，境内共发现古遗址、古墓葬、古建筑和古石刻造像等物质文化遗产460多处，可移动文物5万余件，其中国家一级文物89件、二级文物258件、三级文物1499件。现当代，中共“一大”代表王尽美、民主革命先驱路友于、新文学巨匠王统照、诗坛泰斗臧克家等，都是从这片热土走向全国的。近年来，诸城因出土了世界上最大的鸭嘴龙化石，又被称为“中国龙城”。

虞舜像

潍县春秋

明洪武十年（1377 年）改潍州为潍县，直到 1983 年撤销，前后存在六百多年。

潍县城初建时为土城，但其建筑形制和规模，直到明代中后期才有了确切记载。明正德七年（1512 年），莱州府推官刘信重修潍县城。明崇祯十二年（1639 年），为了强化城墙备战防水的功能，县令邢国玺命人砌为石城。所谓的石城，城墙并不是全部由石头垒砌，而是只有城墙外侧为石墙，内侧依然为三合土夯实的土墙。清乾隆十三年（1748 年），知县郑板桥倡捐大修潍县城。道光二十八年（1848 年），潍县故城重修，后在光绪年间又历经 6 次小修。

潍县故城复原图

西山晴雪

孤山晚照

石桥漱玉

“潍县十景”图 元延祐年间，状元张起岩曾作诗咏叹潍县的美景，即《潍州八景》。清《潍县志》、民国《潍县志稿》改称为“潍县十景”。十景分别为：东园早春、玉清烟晓、南溪垂钓、西山晴雪、孤山晚照、麓台秋月、石桥漱玉、青阳晴眺、北楼晓钟、塔山望日。清乾隆年间画家郭汝龙画过十景写意图。通过这些诗画作品可以大致了解潍县历史上的游览胜地

据明万历年间的《潍县通志》记载：潍县当时有 11917 户、21769 人。城内有东西、南北两条中轴线上的四条大街，即东门大街、西门大街、南门大街、县治前街。这四条大街在大十字口（今东风街与向阳路交叉口）交会，这里是全城的中心点，整座县城由此分割为东南、西南、东北、西北四个范围大体相等的隅。县治位于南北中轴线的北端。城内地势中间高四周低，最高点为大十字口，整个主城呈龟背形，和城门瓮城一起看，酷似一只面朝南静卧的神龟，故称之为“龟城”。大十字口是城内最重要的交通枢纽，无论是迎送官员、节日集会，还是城隍

爷出巡等，都要经由此处。尽管朝代更替、沧桑巨变，大十字口的重要历史地位一直没有变。

全城共有 48 条街巷，多以姓氏、名胜、地貌、景观、署衙等命名，如郭宅街、胡家牌坊街、南寺前街、增福堂街、县治前街等。在乾隆

老潍县的标志性建筑——通济门

时期《潍县志》的城区图中，街巷已遍布全城。

与潍县主城隔河相对的是东关坞，也称东城。早在元代这里就有人临河而居，并有了圩市交易。明代这里是县城东部的交通必经之地，是重要的商贾聚居区。清时，东关坞有“七楼、八阁、九街、十八巷”之说，繁盛一时。因其坞墙沿河而筑，蜿蜒曲折，状如盘蛇，与西边的主城相对，遂使潍县呈现一县双城、“龟蛇相依”的祥瑞格局。

潍县故城在历史上有两大主要功能，首先是防备战事，保障城内安全。史料记载，明崇祯十五年（1642 年），清军万余步兵、三千骑兵围攻潍县县城达 3 个月，轮番用“红夷大炮”轰击，用几百架云梯攻城，县令周亮工率众拼死抵御，迫使清兵无功而退。全城军民誓死保卫是获胜的主要原因，而高大坚固厚实的城墙，也发挥了关键性的

奎文门

屏障作用。此后，潍县历经多次大小不等的战事，大军多次兵临城下，皆因潍县县城易守难攻、坚不可摧，无一次破城而入的记录，于是有了“潍县石城，可抵十万雄兵”的美誉。

潍县故城的另一个功能是防汛防洪。早年间，每逢大雨季节，城中因筑城时取土沿马道留下的十几个大湾，如荷花湾、撞钟院湾、南宫湾等，都会造成大量积水。但是临湾的城墙根处，建有排水暗沟和闸门，可以将积水排到城外月河中。如果城外的月河河水猛涨，因为有城墙相隔，也不会漫进城内，从而有效地保护了城内居民的生命财产安全。

20 世纪 50 年代初，拆除城墙与白浪河水患治理两项工作交错进行，之后随着大规模城市建设的展开，原有的城墙被陆续拆除。目前向阳路还存有两段长十几米的城墙土坯，成为后人追寻潍县故城踪迹的唯一去处。

古墓葬绘画、画像石杰作

潍坊地区的古墓葬绘画和石刻，以临朐北齐崔芬墓壁画和安丘董家庄汉墓画像石为代表。墓葬规模宏大，画面宏伟壮观，形象丰富多彩，画像构图复杂，用浅浮雕、高浮雕、透雕、阴刻等技法刻成，绘图技术精湛，艺术水平高超，具有较高的历史价值、文物价值和科学艺术价值，是展示古代政治、经济、文化的珍贵资料，对于研究当时的墓葬艺术和不同地区之间的文化交流具有重要意义。

北齐崔芬墓壁画

崔芬墓位于临朐县冶源镇红新村海浮山南坡，为南北朝时期的古墓葬。据墓志记载，该墓建于北齐天保二年（551 年）。墓主崔芬（503—550 年），字伯茂，清河东武城（今淄博市淄川区）人，仕东魏，官至威烈将军、南讨大行台都军长史。

崔芬墓坐北面南，方条石垒砌。墓室内和甬道壁均粉刷一层薄石灰面，其上绘制壁画。甬道两壁彩绘两位穿铠甲、按盾挂剑的武士，纵

甬道两壁的武士彩绘

1.52 米、横 0.64 米，两位武士形象威严，全身穿着铠甲，应为中国古代传说中善治恶鬼、被奉为门神的神荼和郁垒。武士身后和周围还绘有槐树、假山和云朵等装饰。墓室南壁西部绘朱雀，上部绘星辰；其他三壁上部及室顶下部绘星辰（二十八宿）、日月及青龙、白虎、玄武等。

西壁龛横额绘墓主夫妇出行图。此图纵 0.75 米、横 1.47 米，图中共有 3 男 13 女，人物描绘栩栩如生，眉目传神。左起第三人头裹巾帻，上戴漆纱笼冠，“身着方心由领袍服，脚穿笏头履，双臂舒展，广袖飘垂，颌下短髭须，神态威严”，应为墓主崔芬。“头插花钗，身着宽大衣裙，腰系红缨丝带，两臂舒展，广袖飘拂”者，应为崔芬的夫人。图中侍女则“皆头梳双丫髻，宽衣大袖，姿态神情各异，随侍于男女主人身侧”。 这幅壁画形象生动地描摹出了墓主夫妇在众多婢仆侍奉下出游的盛况，同时也是一幅颇具功力的仕女图。过去所发现的北朝绘画、雕塑中，类似构图的作品，都是帝王出游或帝后礼佛的行列，如崔芬夫妇出行图这样的北朝世俗出行图极为罕见。

东壁和西、北壁龛为绘有“竹林七贤”、荣启期、马、马夫、舞蹈、山水等内容的八幅图牒屏风。八牒以槐树、假山为背景，主要人物坐于方形茵席上，或握笔书写，或斜倚蒲墩，或抚须沉思，或瞑瞑醉态，多数衣冠不整，呈放浪形骸之态。八牒中的八位主要人物应当是魏晋时期的阮籍、嵇康、山涛、王戎、向秀、刘伶、阮咸（后人称“竹林七贤”）和春秋时期的隐士荣启期。

崔芬墓壁画线条流畅，物像比例准确，造型生动活泼，人物眉目传神，栩栩如生。先以墨线勾勒物像的轮廓，然后以红、赭、蓝、绿、黄、橙、白等多种颜色充填。壁画虽历经 1400 余年，多有剥落，但物像轮廓多数清晰可辨，色彩依然艳丽，这在已发现的同时期墓室壁画中当属最为精彩的一组。从艺术风格上看，崔芬墓壁画受东晋、南朝绘画的影响较大。无论是人物形态、画面构图，还是绘画风格和表现手法，在同时期中原地区的东魏、北齐壁画墓中都尚未见到。因此，它很可能是以东晋、南朝的同类绘画为粉本的，对于研究我国南北朝时期绘画艺术具有极其重要的价值。

崔芬墓壁画墓主夫妇出行图（局部）

北壁玄武图

西壁北侧高士屏风图

东壁高士屏风

南壁朱雀图

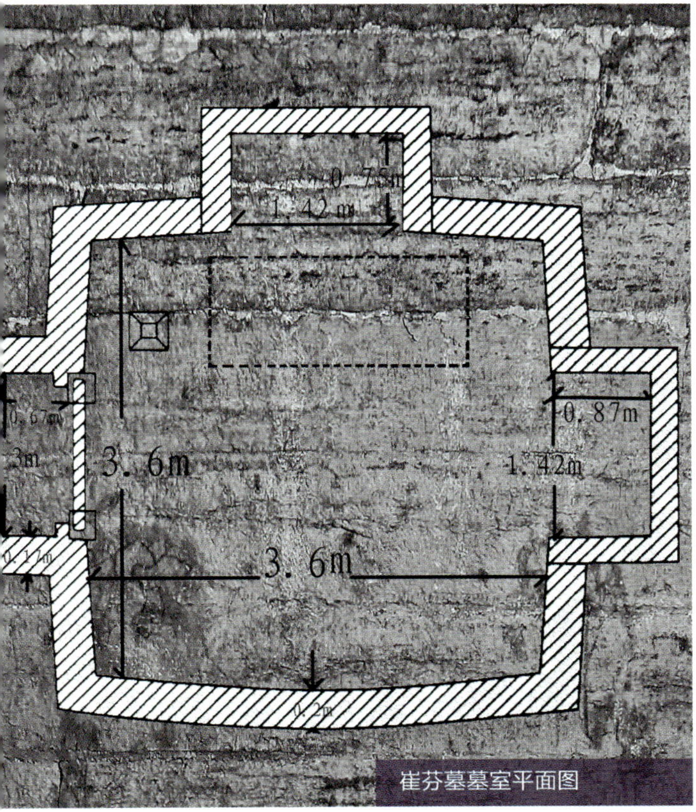

崔芬墓墓室平面图

安丘董家庄汉画像石

汉画像石是汉代在墓室、墓阙、祠堂等建筑上雕刻画像的一种建筑构石，是古代丧葬礼俗中的一种石刻艺术。它产生于西汉中期，西汉晚期时得到迅速发展，至东汉中后期时达到鼎盛，分布范围十分广泛。山东是汉画像石分布最为密集的区域之一。山东汉画像石的主要特点是分布广，种类全，内容丰富；构图复杂，场面宏大；刻法多样，风格细致繁缛；延续时间长，从汉画像石的兴起到衰落，历时400余年。

安丘董家庄汉画像石墓是山东汉画像石墓中的代表，也是山东省规模最大、建筑石材最多的汉画像石墓之一。其建成于东汉晚期，现位于安丘市博物馆院内，原址在城区西南9千米的凌河镇董家庄村北。石墓坐北朝南，整座墓葬除甬道用砖铺地外，均用预制石板、石条建成。

墓内石材全部经过了艺术加工，在224块石材中，有103块刻有画像。这些画像分布在甬道封口石、墓门、墓室四壁及室顶、立柱、地栿

雕刻动物的画像石

董家庄汉画像石墓前室、中室之间方柱上的石刻

等处。画像题材多种多样，表达内容非常丰富，大致可分为以下几类：

第一类是反映墓主人车马出行、拜谒、乐舞百戏、渔猎等社会生活内容的，主要分布在墓室四壁及少数坡顶石上，代表画像有中室室顶北坡的《乐舞百戏图》，后室西间西壁的《狩猎图》，以及前室、中室西壁的《车马出行图》。

第二类是反映神话人物、奇禽异兽等民间传说内容的，主要分布在墓门、室顶坡石及封顶石上，代表画像有前室封顶石的《雷神出行图》和中室室顶南坡的《王母出行图》。奇禽异兽在画像中占据了大量的空间，包含了繁杂的汉代文化思想内涵。

第三类是描写历史人物、故事内容的，如《泗水升鼎图》和《孔

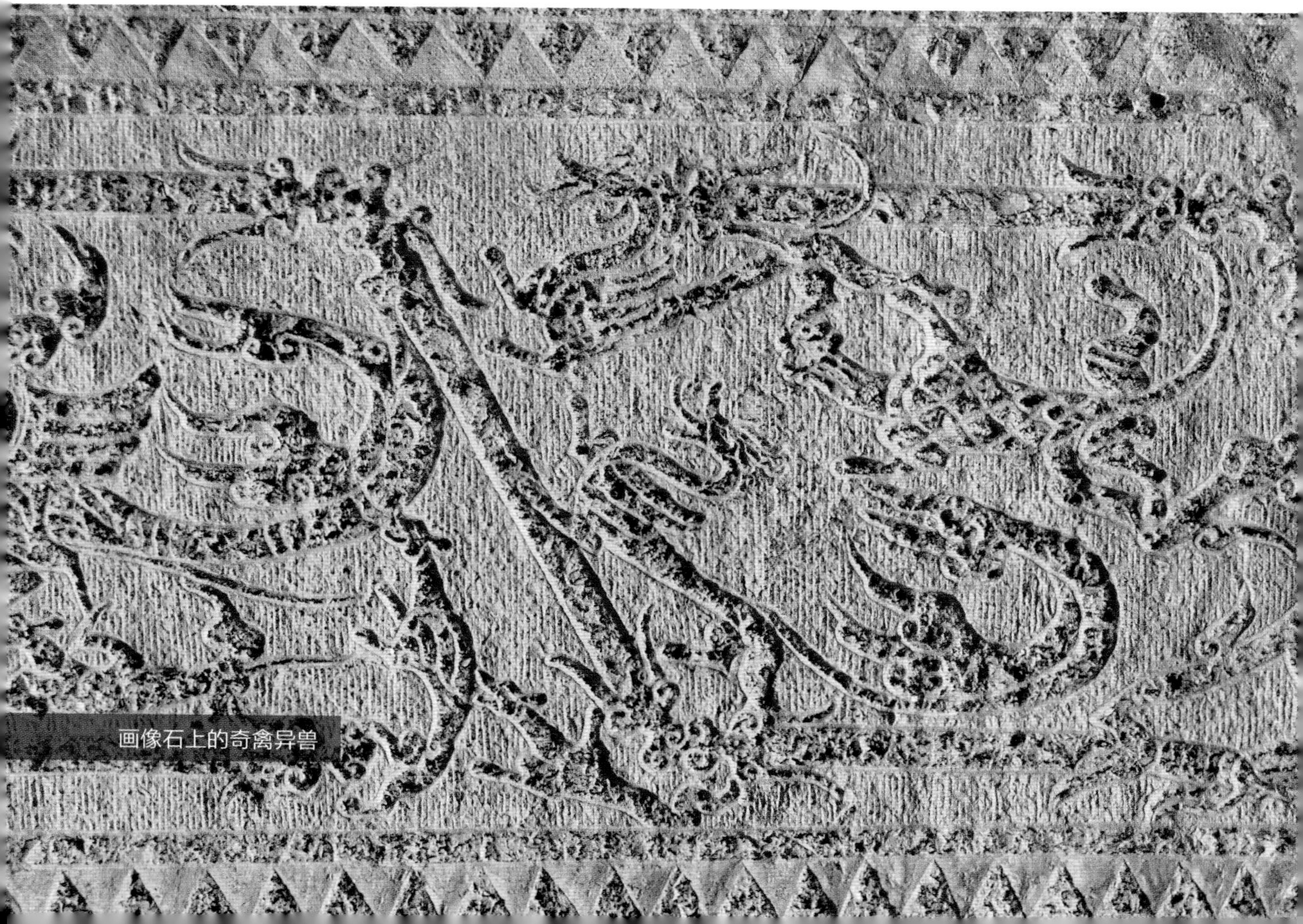

画像石上的奇禽异兽

子问道图》。《孔子问道图》采取了减地凹面阴线刻手法，一长列的人物、车马刻画得细腻酣畅。

第四类是反映生殖崇拜观念内容的，分布在前室与中室之间的方柱和后室北壁中间的方柱上，代表作是前室与中室之间的方柱画像。

这些画像根据题材需要和所处的部位采用了不同的雕刻技法，其中绝大多数是凿纹减地浅浮雕，少数为减地凹面阴线刻，个别画像采用了高浮雕和透雕技法，有的画像则使用了多种雕刻技法。雕刻设计规范，手法娴熟，表现了汉代高超的石刻艺术水平。特别是墓室中轴线上的三根石柱，用高浮雕和透雕技法刻出众多而奇异的人物和神兽，被誉为“罕见的汉代艺术杰作”。

神话内容的画像石

石刻造像与碑林

潍坊有着丰富多彩的石窟造像、摩崖题刻、寺院造像、碑碣墓志等，是研究我国古代书法艺术和佛教艺术的重要历史资料。

潍坊地区现存大量古代石刻珍品，其原因有二：一方面，潍坊所处的古青州地区，是古代陆上丝绸之路与海上丝绸之路的重要交会点。自西汉武帝元封五年（公元前106年）设青州刺史至明洪武九年（1376年）的1400余年间，古青州地区一直是山东地区的政治、经济、军事、文化中心，人文荟萃，商贾云集，经济繁荣，众多名人乃至平民百姓热衷于石刻文化。另一方面，当地有大片的山岭悬崖，其青石材料软硬适度，耐风雨侵蚀，非常适合用于石刻。在潍坊自古就有“一拜佛，

延续千年的龙兴寺

二拜寿，三拜清官，四品书法”的说法，而其中的“寿”“佛”“书法”都与青州石刻文化有关。“寿”即云门山第一大“寿”字，“佛”即青州龙兴寺佛教造像和驼山石窟佛造像，而“书法”的代表，则是位于临朐县东镇庙遗址处的东镇碑林。

青州龙兴寺佛教造像

青州龙兴寺始建于北魏时期，曾是全国著名的佛教寺院之一。1996年10月，龙兴寺佛像窖藏因施工被发现。藏坑位于寺院遗址的最北部，南北长8.7米，东西宽6.8米。坑内有规律地埋藏有北魏、东魏、北齐、隋、唐、北宋时期的石灰石、汉白玉、花岗岩、陶、铁、木及泥塑等各类佛教造像400余尊，其中以北齐时期石像最多，有佛、菩萨、弟子、罗汉、飞天、供养人等多种题材。石像运用浮雕、镂雕、线刻、贴金、彩绘等多种技法，造型生动，具有极高的艺术水准。

400余尊佛教造像中有纪年记载的造像，最早的为北魏永安二年

龙兴寺北齐彩绘菩萨像

龙兴寺全景

（529 年）的韩小华造像，最晚的为北宋天圣四年（1026 年）的造像，时间跨度近 500 年。这批造像因数量众多、雕刻精美、贴金彩绘鲜艳完好、时间跨度长，引起社会各界的高度关注，被评为“1996 年全国十大考古新发现”之一，随之入选“中国 20 世纪百项重大考古发现”。2021 年，青州龙兴寺遗址入选“百年百大考古发现”。

龙兴寺佛教造像品种较全，计有背屏式造像、单体圆雕佛像、单体圆雕菩萨造像、单体圆雕罗汉像、单体圆雕供养人像等。它们雕刻精美，表现出鲜明的地方特色和独特的艺术风格，人们称其为“青州风

格”。龙兴寺佛教造像确立了青州佛教艺术在中国雕塑史上的地位，被誉为“可以改写中国艺术史的杰作”。

驼山石窟造像群

驼山石窟造像群位于青州驼山主峰东南的崖壁上。自北至南排列有五座洞窟，一处摩崖，一个壁龛，共计有大小佛像638尊。

第三窟是驼山石窟的主体建筑，开凿时间最早，规模最大，造像也最多。洞深2.5米，正中端坐的阿弥陀佛造像高达5米，底座高1米，

驼山摩崖石窟第三窟阿弥陀佛造像

上有“大像主青州总管柱国平桑公”的12字题记，为北周时期所雕刻。两旁侍立有菩萨像，高3.94米，头戴花冠，飘带下垂，长裙曳地，仪态端庄，亭亭玉立，具有隋代石刻造像的独特风格。

第一窟开凿于盛唐时期，窟内的菩萨像美发高髻，面容圆润、丰腴，上身袒露，胸前璎珞玲珑，下垂腰间，下身出水长裙，衣纹流畅，仪态雍容华贵，具有盛唐时期的雕刻风格。第二、四、五窟是隋唐时期的遗作，为研究当时佛教艺术提供了重要的实物资料。

东镇碑林

东镇碑林位于临朐县沂山东麓东镇庙。《齐乘》载：“沂山，汉武所封之东泰山也。”民国《临朐续志》载：“自黄帝登封后，汉武帝从公玉带之请，亲至山下，令礼官祀之。”隋、唐、宋、元、明、清各朝都沿袭祭之，每次祭祀都必然立碑。由于朝廷御祭，加之沂山雄伟秀丽，大家名士、骚人墨客，纷至沓来，在其间留下了大量的古碑石刻，遍布庙院内外，故成今日“东镇碑林”。

据清光绪三十年（1904年）不完全统计，碑林中共有古碑360余幢，其中有御碑16幢，现仅剩4幢。4幢御碑中最早者为元大德御碑，位于大殿祭台西南角，碑冠蟠结青龙四条，造型美观，生动逼真。明洪武御碑坐落于祭台东侧，与大德御碑隔台相对。其余二碑，是清康熙、乾隆祖孙两代祭游东镇沂山御碑，高丈余，左曰“灵气所钟，康熙五十年颂”，右曰“大东陪岳，乾隆二十年颂”。其他碑刻，除御遣钦差和地方官祭告东镇所留外，也尽是名流游览沂山的题咏。

碑刻字体，正、草、隶、篆、行书均有。镌刻形式，阴刻、阳文、双钩俱全。文体有诏旨、祭文、记、诗、词、歌、赋、题词等。题材

东镇庙大元增封东镇元德东安王诏碑

广泛，既有国家大事，亦有当地奇闻异事。

这些古碑，不但记载了历代朝廷官府对沂山的诏封祭告、膜拜祀事，还刻记了风雨不调、亢旱洪滥、地震陨落等自然灾害及国家变革、

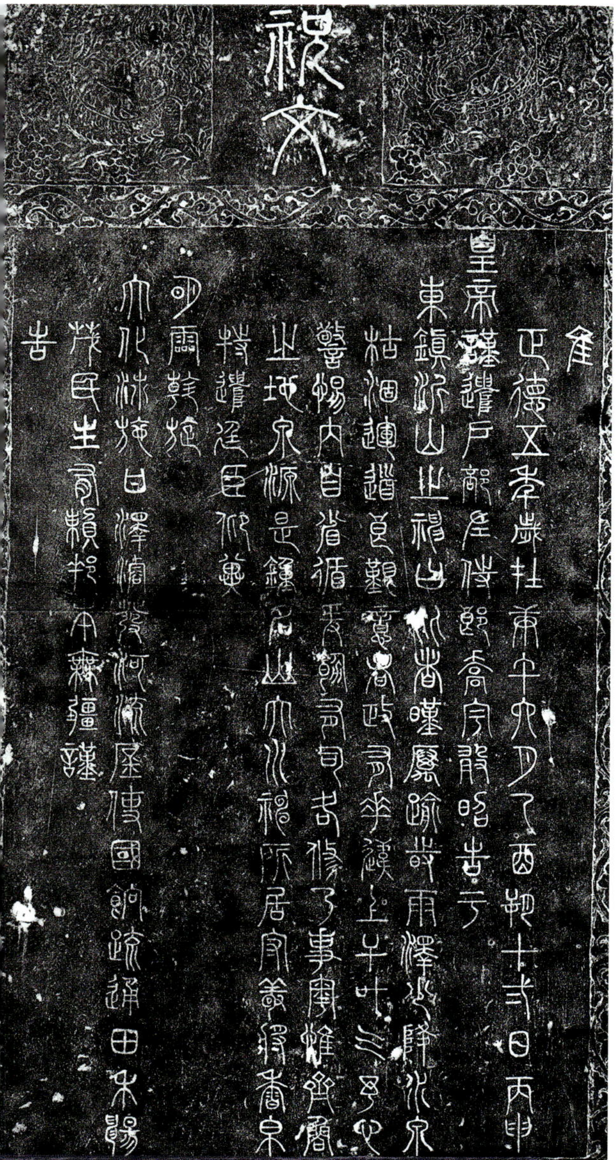

明正德五年（1510 年）乔宇昭告碑拓片

外侵内乱、边关军事等情况，也歌颂了东镇奇山异水、秀丽绝佳的风光。东镇碑林，是研究我国古代社会政治经济情况，以及文学、书法、雕刻艺术的珍贵实物史料。

东镇庙遗址

北方古典园林
——十笏园

十笏园位于潍坊市潍城区胡家牌坊街中段，是中国北方地区的古典园林袖珍式建筑，有“鲁东明珠”的美誉。十笏园始建于明代，园中的砚香楼原是明朝嘉靖年间刑部郎中胡邦佐的故宅，后于清光绪十一年（1885年）被潍县首富丁善宝以重金购得，并在砚香楼的基础上建造了整座园林，因此也被称作“丁家花园”。整座建筑坐北向南，青砖灰瓦，主体是砖木结构，总建筑面积约2000平方米。因占地较小，喻若十个板笏之大而得名。1988年，十笏园被国务院列为全国重点文物保护单位。

十笏园面积虽小，但由于设计精巧，在有限的空间里，能呈现自

十笏园

然山水之美，含蓄曲折，引人入胜。园中有楼台亭榭、假山池塘、客房书斋、曲桥回廊等建筑34处、房67间，无不玲珑精美，紧凑而不拥挤；身临其境，如在画中，布局严谨，移步换景，极具北方建筑的特色。康有为曾在十笏园居住过三个晚上，并写下《十笏园留题》：“峻岭寒松荫薜萝，芳池水石立红荷。我来山下凡三宿，毕至群贤主客多。”

十笏园以布局新巧、匠心独运誉冠北国小园之首。中国著名园林专家陈从周教授在他的著作《说园》中赞誉说："潍坊十笏园，清水一池，轩榭浮波……北国小园，能饶水石之胜者，以此为最。"整个园林疏密有致，错落相间，集我国南北方园林建筑艺术之大成，是我国古典造园艺术中的奇葩。

十笏园内的曲桥池塘

十笏园空间分布图

四照亭北门上有“鸢飞鱼跃”四字石刻，原为唐代韩愈于贞观二十年（646年）贬为阳山令时所书的自勉之作。字体飞动婉转，气贯长虹，有草篆隶笔意，安排得有正有欹，冶草篆隶于一炉，寓情于书，表现出那种“海阔凭鱼跃，天高任鸟飞”的凌云壮志，有形神兼备、意到笔随之妙。园内此石刻，为清中期书画家翟云升临摹，惟妙惟肖。

位于东轴线上，为园主人之家居，色天空、晴穹万里之意。东西有小廊，内装有冯起震画竹刻石10块，分别其昌、邢侗、李晔题跋；西廊内嵌有招画竹刻石。画上招子庸自题诗曰：“写师竹，何须法古人。了然心眼手，下通神。”

鸢飞鱼跃

碧云

四照亭

取其四面阳光普照之义，亭中有清代状元曹鸿勋所题“四照亭”横匾，亭外悬有“涛音”匾，是清代书法家桂馥手迹。顺回廊曲桥步入池心，四面环视，荷花满池，景色宜人。亭内石桌凳，是当年园主举觞流连咏诗之处，四面桥栏可坐，可观赏池水荷花和假山全景。

十笏草堂

进大门东行为前院，正厅即十笏草堂，结构为三开间七檩，无廊硬山顶，明间门，上悬清代金石学家陈介祺手书“无山拜草庐”匾额。堂前山石花木散点，荷香四溢，碧波涟漪。

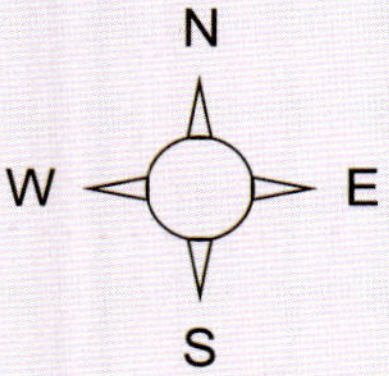

砚香楼[1]

院中北楼为十笏园主体建筑，系明代所建，名砚香楼。其结构为二层，两开间五檩，硬山顶；楼前有月台，圆窗方台，古色古香；楼上门窗外有前廊，设栏杆护之。砚香楼是原园主人藏书和读书之所，其名借唐诗人李贺《杨生青花紫石砚歌》中“纱帷昼暖墨花春，轻沤漂沫松麝重”之句。诗句的意思是白昼书房温暖如春，研墨起花纹，墨汁发出阵阵松麝香味，取此意而名。站在楼上向前望去，“崖壁假山，飞瀑流泉，藕塘蓬蒲，莲叶田田”，十笏园全貌尽收眼底。中外书画家经常于此聚会交流。正如诗云：欲醉春雨楼，砚香十笏堂；桥通四照亭，漪岚小沧浪。

稳如舟

东北角筑有船形建筑，名曰稳如舟，因为亭临水池如舟形，故而得名。此亭建筑巧妙，系六檩卷棚式顶，外形如船，恰似抛锚水中，随时可以起锚解缆，引人遐思。

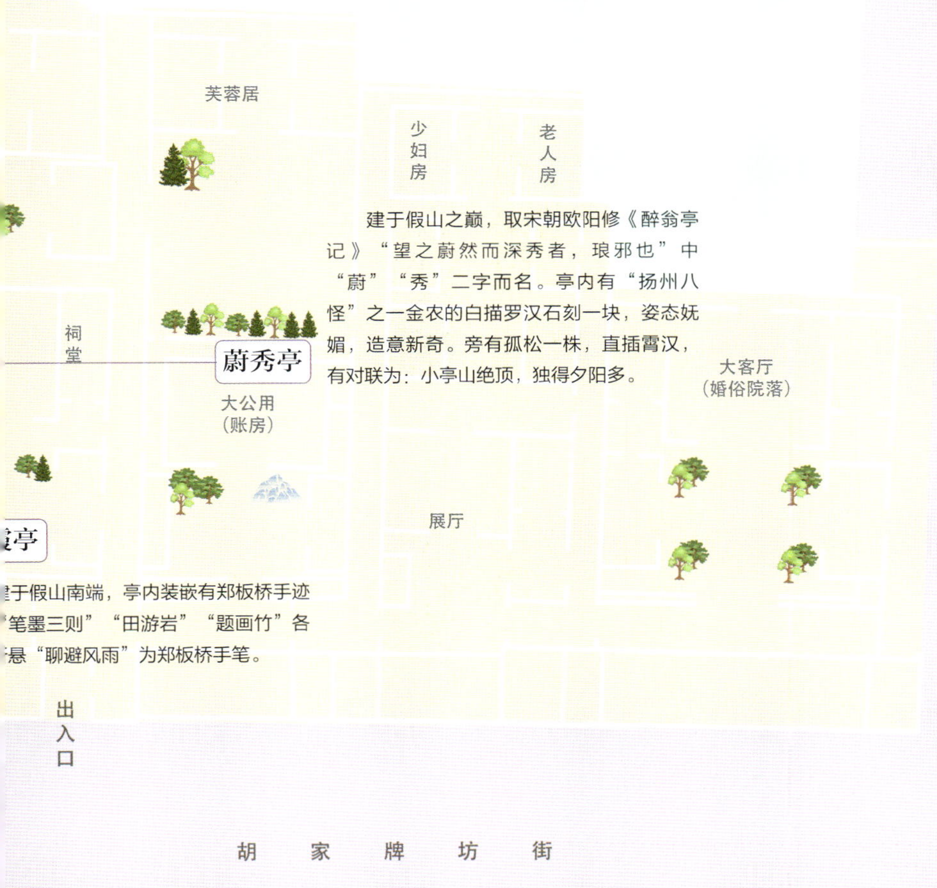

建于假山之巅，取宋朝欧阳修《醉翁亭记》“望之蔚然而深秀者，琅邪也”中“蔚”“秀”二字而名。亭内有“扬州八怪”之一金农的白描罗汉石刻一块，姿态妩媚，造意新奇。旁有孤松一株，直插霄汉，有对联为：小亭山绝顶，独得夕阳多。

于假山南端，亭内装嵌有郑板桥手迹
笔墨三则”“田游岩”“题画竹”各
悬“聊避风雨”为郑板桥手笔。

胶济铁路与坊子古镇

在近代史上著名的胶济铁路线上，潍坊市坊子区是一个极其重要的地点。1898 年《胶澳租借条约》签订，德国取得了胶济铁路修筑权和沿线 15 千米范围的矿藏开采权。1901 年，德国的山东煤矿公司在“坊子店”附近开了第一口煤井。1902 年夏天胶济铁路修到潍县时，一路西行的铁路向南绕行一个大弯，绕到了这个有煤矿的地方。因附近有一小铺名为“坊子”，车站便以坊子冠名。从此，这里成为山东最主要的煤矿供应地。1914 年，日本出兵青岛，德国在胶州租借地内的财产被日本席卷一空。1915 年，“一战”结束，日本承袭了德国在山东的一切权益，直至 1945 年日本投降。

在德日侵占坊子的近半个世纪里，为了适应侵略需要，他们建设了各种工业和生活设施。除德国和日本外，英、美等国家也曾在这里开煤矿、办公司、辟商埠、建教堂、设立领事办事机构，久负盛名的南洋兄弟烟草公司就从此地起家，这里也成了一个号称“南北三条马路，东西十里洋场”的繁华商埠。

1984年，胶济线复线改造，不再绕行坊子，坊子站由原来的二等站降为四等站，没有改建扩建，一大批德日建筑因此得以保留，形成了独具特色的坊子古镇。现在坊子古镇主要留存四大核心资源：166处德日建筑，其中103栋德国建筑，整体格局、街巷肌理、景观风物保存完好；2060处民国建筑，主要是以万和楼、刘氏老宅等为代表的民

胶济铁路与坊子古镇

居；现存的德建火车站、胶济铁路和机车转盘等组成的潍坊铁路工业廊道；以德建矿井、采煤巷道等为代表的炭矿遗址。小镇境内各种功能的建筑应有尽有，包括领事馆、司令部、礼堂、水厂、火车站、银行等，

涉及外交、军事、政治、经济、文化各个领域，是一个完整的“德国小镇”。目前，坊子区正充分挖掘这些古建筑资源，打造集文化、旅游、商贸于一体的欧式风情小镇和文化创意产业园区。

坊茨小镇

乐道院与潍县集中营

潍县乐道院

鸦片战争以后，随着一系列不平等条约的签订，中国国门大开，西方国家取得了在华自由传教的权利，由此西方教会势力由沿海向内陆逐步渗透。

清光绪八年（1882 年），美国基督教北长老会派牧师狄乐播来潍县传教，并在当地教友的协助下，在老潍县东关处买地建立“乐道院”。乐道院由教堂、学堂、诊所 3 部分组成，用以传教、办学和开办诊所。光绪二十六年（1900 年）6 月 25 日，潍县习武者陈锡庆等人受义和团运动影响，火烧“乐道院”。光绪二十八年（1902 年），美北长老会用清政府赔款和教会自筹资金重建并扩建了“乐道院”。充足的资金使乐道院得到了较大规模的发展。“乐道院”位于当时潍县东关李家庄西北的虞河南岸，其旧址尚存的 7 处文物建筑在今潍坊广文中学及其毗邻的潍坊市人民医院院内。潍坊广文中学的前身即为原乐道院所办的学校——广文中学，而潍坊市人民医院即是由当时的教会医院发展而来。当年的乐道院占地200多亩，曾一度作为昌潍一带的教会、教育和医疗卫生中心。西方传教士、教师、医务人员聚集在此活动，其场所很是显要。院内的钟楼为当时潍县县城东部的标志性建筑物。

乐道医院侧立面

潍县集中营复原场景

潍县集中营

1938 年初，日军占领胶东半岛。由于当时美国等对日本持中立态度，所以日军对乐道院基本不加干涉，此时院内的传教、教学和医务活动尚能正常开展。

太平洋战争爆发后，在美国夏威夷等地的日本侨民采取种种措施窃取美军情报，为日本军国主义服务，引起了美国的强烈不满。因此美国政府将侨居旧金山等地的 6 万多日裔侨民集中到洛杉矶附近指定的地区，并且不准其与外界联系。日本为报复美国，从 1942 年开始，在中国全境搜捕盟国所有在华的牧师、教师、商人等关押在潍县乐道院。这里便成为被日本人称为“敌国人集团生活所”的集中营。

二战中先后有 2000 多名外国侨民被关押在乐道院，其中包括 327 名儿童，后因交换战俘释放了 500 人，潍县集中营是中国境内最大的西方侨民“集中营”。这些外国侨民分别来自美国、英国、加拿大、澳大利亚、新西兰、荷兰、比利时等 25 个国家，其中以欧美人士居多。他们中有华北神学院院长赫士、齐鲁大学教务长德位思，原辅仁大学附中教师、后任美国驻华大使的恒安石等，还有曾获奥运会 400 米冠军的世界著名运动员英国人埃里克 · 亨利 · 利迪尔，另有多名大学教授、医生等高级知识分子。

埃里克 · 亨利 · 利迪尔

中文名李爱锐、李达（1902—1945 年）。1943 年 3 月，被关押进潍县乐道院。在集中营非常恶劣的条件下，仍尽其所能为集中营内的孩子授课。英国人以他为原型拍摄的电影《烈火战车》获得了最佳影片、最佳原创剧本等四项奥斯卡金像奖。因饥寒交迫和操劳过度，利迪尔在集中营解放前不久在集中营内去世

民族工业的发展与潍柴崛起

潍坊境内的工业是在手工业基础上逐步发展起来的，有着悠久的历史。早在汉代，潍坊所产的丝织品即通过“丝绸之路”行销西域各国。清末至民国初期，土法织布、红炉锻打、手工绣花、风筝制作、木版年画、金银首饰等家庭手工业、作坊手工业就已遍及城乡。鸦片战争以后，德、美、英、日等国相继入侵潍坊，他们为掠夺境内资源而建起铁路、煤矿、烤烟厂、电灯公司等，由此国外生产技术和商品传入潍坊境内。在家庭手工业和作坊手工业的基础上，纺织、机械、化工、轻工、医药、矿业、电力、烟草等产业在潍坊逐渐兴起。1920 年，华丰机器厂在潍县创办，为潍坊民族资本主义工业起步的标志。到 1935 年，全境已陆续办起具有一定规模的铁工厂、铸铁厂、织布厂、染织厂、制

位于潍坊国家高新产业开发区的潍柴工业园

药厂、印刷厂、面粉厂、火柴厂、烟草公司、电灯公司等近 40 家企业。到抗战前夕，纺织、机械、烟草等行业日益发达，有的产品已声名远扬。华丰机器厂生产的低速柴油机、脚踏织布机，裕鲁化工厂生产的蓬莱阁硫化青膏，信丰染厂生产的 190＃ 士林蓝布和昌邑的柳疃丝绸，不仅风靡齐鲁，有的还远销外省和东南亚地区。

中华人民共和国成立后特别是改革开放以来，潍坊市工业生产进入快速发展时期，到 20 世纪末，全市形成了轻工、纺织、机械、化工、电子、建材等一批支柱产业，拥有潍棉、潍柴、山潍拖、潍坊华光、亚星化工等一批在国内有影响的“潍”字头企业，柴油机、激光照排、录音机、拖拉机、农用三轮车等一批名牌拳头产品畅销国内外，享有中国“动力城、电子城、纺织城”的美誉。

党的十八大以来，潍坊制造业进入高质量发展阶段，全市上下坚定不移贯彻新发展理念，全力推进制造业转型升级、提质增效、动能转换，带动全市工业经济发展迈上新的台阶。全国 41 个工业行业大类中，潍坊拥有 37 个行业大类，包含国民经济行业分类中所有的 31 个制造业行业。全市规模以上工业企业达到 3627 家，居山东省第 2 位。工业总量约占山东省的十分之一、全国的百分之一。80 家企业的 115 种主导

重型商用车黄金动力总成

2019 年 1 月，潍柴动力“重型商用车动力总成关键技术及应用”项目荣获国家科技进步一等奖

力的大型装备制造业集团。在海外，潍柴聚焦“企业急需、技术高端、国家瓶颈”，2009 年起战略重组博杜安、法拉帝、凯傲集团及林德液压，以及美国德马泰克和 PSI 公司，不断拓展和升级产业链，完成全球产业布局。同时，潍柴抢抓新科技变革机遇，投资英国锡里斯动力和加拿大巴拉德动力，战略重组德国欧德思公司和奥地利威迪斯公司，投资入股瑞士飞速集团燃料电池空压机业务，积极在新能源、智能驾驶、车联网、电控等前沿领域布局，为企业转型发展奠定了基础。

潍柴由小到大、由弱变强，成为一家在全球拥有员工 10 万人、具有世界影响力的企业，创造了民族工业创新驱动、改革发展的“潍柴样本”。习近平总书记对潍柴集团“心无旁骛攻主业”为建设创新型国家所作的贡献，给予了充分肯定和高度评价。

潍柴动力生产线

历史名人

潍坊历史悠久，人才荟萃，贤杰辈出，文化名人灿若繁星。出生于潍坊市域或曾活动于此的历史名人数不胜数，并在多个领域闻名遐迩。如上古时期的圣人仓颉、虞舜；春秋时期的杰出政治家晏婴，孔子弟子、七十二贤之一的公冶长；东汉经学家郑玄，“建安七子”中的孔融、徐幹；魏晋南北朝时期的高士管宁，著名政治家、军事家王猛，农学家贾思勰；五代十国时的画家韩熙载、李成；两宋时期的科学家、画家燕肃，杰出的政治家、文学家范仲淹、欧阳修，“唐宋八大家”之一的苏轼，宋词婉约派代表李清照，金石学家赵明诚，画家张择端；明代散曲家冯惟敏；清代内阁大学士、书法家刘墉，被誉为诗书画“三绝”的郑板桥，金石学家陈介祺；中国共产党的创始人之一王尽美，当代作家、诗人王统照，诗人臧克家；等等。他们对潍坊的政治、经济、文化、科学的发展，产生了重要的影响。

青州范公亭公园，因范仲淹惠政知青州而得名

潍坊市名人分布示意图

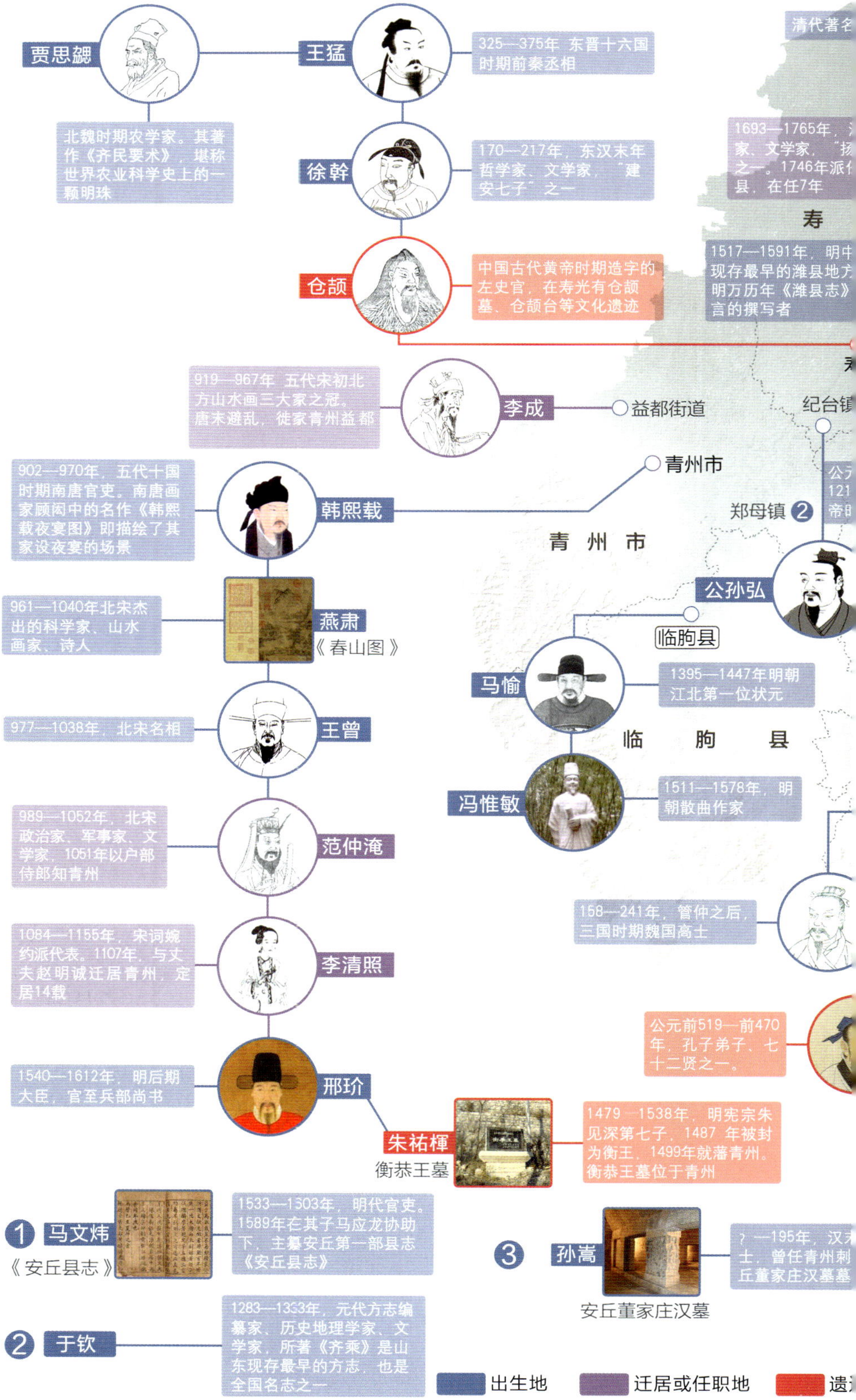
贾思勰
北魏时期农学家。其著作《齐民要术》，堪称世界农业科学史上的一颗明珠
王猛
325—375年 东晋十六国时期前秦丞相
徐幹
170—217年，东汉末年哲学家、文学家，"建安七子"之一
仓颉
中国古代黄帝时期造字的左史官，在寿光有仓颉墓、仓颉台等文化遗迹
清代著名
1693—1765年，
家、文学家，"扬
之一。1746年派任
县，在任7年
寿
1517—1591年，明中
现存最早的潍县地方
明万历年《潍县志》
言的撰写者
919—967年 五代宋初北方山水画三大家之冠。唐末避乱，徙家青州益都
李成
益都街道
纪台镇
902—970年，五代十国时期南唐官吏。南唐画家顾闳中的名作《韩熙载夜宴图》即描绘了其家设夜宴的场景
韩熙载
青州市
郑母镇 2
青 州 市
公孙弘
961—1040年北宋杰出的科学家、山水画家、诗人
燕肃
《春山图》
临朐县
马愉
1395—1447年明朝江北第一位状元
977—1038年，北宋名相
王曾
临 朐 县
冯惟敏
1511—1578年，明朝散曲作家
989—1052年，北宋政治家、军事家、文学家，1051年以户部侍郎知青州
范仲淹
158—241年，管仲之后，三国时期魏国高士
1084—1155年，宋词婉约派代表。1107年，与丈夫赵明诚迁居青州，定居14载
李清照
公元前519—前470年，孔子弟子、七十二贤之一。
1540—1612年，明后期大臣，官至兵部尚书
邢玠
朱祐楎
衡恭王墓
1479—1538年，明宪宗朱见深第七子，1487年被封为衡王，1499年就藩青州。衡恭王墓位于青州
1 马文炜
《安丘县志》
1533—1603年，明代官吏。1589年在其子马应龙协助下，主纂安丘第一部县志《安丘县志》
3 孙嵩
安丘董家庄汉墓
？—195年，汉末
士，曾任青州刺
丘董家庄汉墓墓
2 于钦
1283—1333年，元代方志编纂家、历史地理学家、文学家，所著《齐乘》是山东现存最早的方志，也是全国名志之一
出生地
迁居或任职地
遗

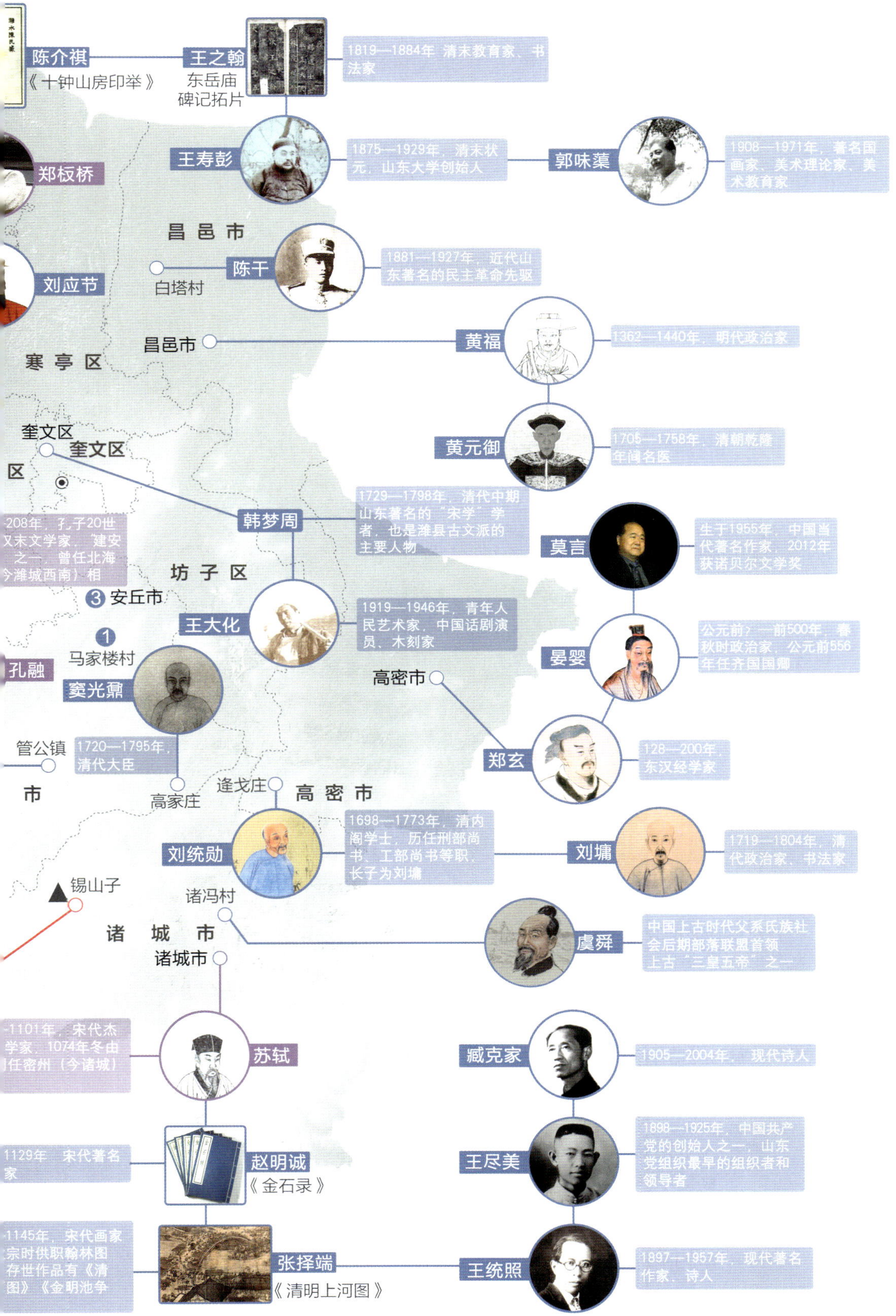
陈介祺
《十钟山房印举》
王之翰
东岳庙碑记拓片
1819—1884年，清末教育家、书法家
王寿彭
1875—1929年，清末状元，山东大学创始人
郭味蕖
1908—1971年，著名国画家、美术理论家、美术教育家
郑板桥
昌邑市
陈干
白塔村
1881—1927年，近代山东著名的民主革命先驱
刘应节
昌邑市
黄福
1362—1440年，明代政治家
寒亭区
黄元御
1705—1758年，清朝乾隆年间名医
奎文区
奎文区
区
韩梦周
1729—1798年，清代中期山东著名的“宋学”学者，也是潍县古文派的主要人物
208年，孔子20世汉末文学家，“建安之一，曾任北海今潍城西南）相
莫言
生于1955年，中国当代著名作家，2012年获诺贝尔文学奖
坊子区
3 安丘市
王大化
1919—1946年，青年人民艺术家，中国话剧演员、木刻家
1
马家楼村
晏婴
公元前？—前500年，春秋时政治家，公元前556年任齐国国卿
孔融
窦光鼐
高密市
管公镇
1720—1795年，清代大臣
郑玄
128—200年，东汉经学家
市
高家庄
逄戈庄
高密市
刘统勋
1698—1773年，清内阁学士，历任刑部尚书、工部尚书等职，长子为刘墉
刘墉
1719—1804年，清代政治家、书法家
锡山子
诸冯村
诸城市
虞舜
中国上古时代父系氏族社会后期部落联盟首领
上古“三皇五帝”之一
诸城市
-1101年，宋代杰学家，1074年冬由任密州（今诸城）
苏轼
臧克家
1905—2004年，现代诗人
1129年，宋代著名家
赵明诚
《金石录》
王尽美
1898—1925年，中国共产党的创始人之一，山东党组织最早的组织者和领导者
-1145年，宋代画家宗时供职翰林图存世作品有《清图》《金明池争
张择端
《清明上河图》
王统照
1897—1957年，现代著名作家、诗人

贾思勰与《齐民要术》

贾思勰，北魏著名农学家，齐郡益都县（时县治在今山东省寿光市城南益城村）李二村附近人，官至高阳郡太守。贾思勰家学深厚、学识渊博，重视农业，通过“采捃经传，爰及歌谣，询之老成，验之行事”撰成农学巨著《齐民要术》，对北魏之前黄河流域的精耕细作技术作了系统的总结，对中华传统农耕文明的可持续发展作出了巨大贡献，《齐民要术》是中国与世界农学史上的经典著作，对后世农业生产具有深远影响，被誉为中国古代农业百科全书，贾思勰也被世人尊为“农圣”。以贾思勰农学思想为核心价值，以《齐民要术》为客观载体，综合中华优秀传统文化特别是传统农耕文化精华，形成了内涵丰富、特色鲜明的传统文化形态——“农圣文化”。

《齐民要术》约成书于6世纪，现流传版本有25种以上，最早官

寿光历史文化中心展出的农学巨著《齐民要术》

方的刻本为北宋崇文院刻本（现存于日本高山寺），现仅存第 5、第 8 两残卷。

全书共 10 卷 92 篇 11 多万字，由序、杂说（指序后杂说，已证实为后人所加）、正文三部分组成，每一篇又由标题、解题、正文、引录典籍四部分构成。全书援引古籍约 157 种，内容“起自耕农，终于醯醢，资生之业，靡不毕书”，涉及农、林、牧、渔、副（储藏、加工、经营等）等现代大农业生产的各个方面，第一次全面系统地记载了 6 世纪及之前时期我国黄河中下游旱地农业生产状况、经验及农业科学技术，精确细致地总结了劳动人民从实践中积累的精耕细作的优良传统，对后世农业和其他科学的发展均产生了重大影响。英国生物学家达尔文在《物种起源》《动物和植物在家养下的变异》等著作中曾 5 次引用或评价《齐民要术》，并称之为“中国古代的农业百科全书”。

中国（寿光）国际蔬菜科技博览会上呈现的农圣贾思勰与《齐民要术》场景

范仲淹与范公亭

范仲淹（989—1052 年），字希文，北宋著名政治家、军事家和文学家。范仲淹以户部侍郎知青州，兼淄、潍等州的安抚使。他才高志远、为官清廉，深得百姓爱戴。

范仲淹为政青州时，青州一带流行一种病，蔓延很快。为此，范仲淹亲自汲水制药，发放民间，很快制止了瘟病的流行，百姓们感激不尽。恰在这时，南阳河畔有泉水涌出，且水质纯净，甘甜可口，百姓以为这是范公的德行感动了苍天，便为其取名“醴泉”。范仲淹在泉上建造了一座亭子。北宋皇祐四年（1052 年），范仲淹病逝于赴颍州途中。人们感念范公，就把“醴泉”叫作“范公井”，把亭子叫作“范公亭”。

范公亭为六角飞檐，顶开圆孔，与井泉上下相对，阳光由圆孔照下时，水光潋滟。亭柱材质为上木下石，别具风格。井亭迎面的柱子上镌刻着一副对联：“井养无穷兆民允赖，泉源不竭奕世流芳。”言辞简约而意味深长，展示了后人对范公“居庙堂之高，则忧其民”品格的慕念。亭子背面的柱子上也有一副对联，写着：“四境著闻行若无事，千年遗址因其自然。”

范公亭院内有数棵唐楸、宋槐，老干虬枝，虽说已活了千年之久，至今仍然枝繁叶茂，生机盎然。院门南侧，有翠竹千竿，衬得这一组古老的建筑越发显得清静幽雅。

今日的范公亭，成为人们追思范公、激励来者的游览胜地。院内一块块的石碑，或为重修井、亭、祠、堂的铭记，或为历代名人缅怀先贤的题刻。这座亭子历代多有修葺，表达了人们对范公的景仰之情。

苏轼与超然台

苏轼（1037—1101 年），字子瞻，号东坡居士，四川眉山人，北宋著名文学家。

宋神宗熙宁七年（1074 年）冬，苏轼从杭州通判任上改知密州军州事（治所在诸城）。当时密州一带连年发生旱灾、蝗灾，盗贼蜂起，狱讼充斥，百姓生产生活极度困顿。为拯救百姓于水火之中，他采取了一系列积极的救助措施：上书朝廷，请求减免赋税；亲率僚属下野捕蝗；祈雨抗旱，筑堤引水；赈灾捕盗；收养弃儿。经过一年多艰苦的治理，灾情终于有所缓和。

诸城超然台局部

苏轼知密州两年，正是他从政的辉煌期、创作的成熟期和高峰期，他广泛地接触现实生活，加深了与劳动人民的感情，丰富了艺术创作实践，在密州创作诗、词、文等共230篇。他的豪放词风亦形成于此时。

熙宁八年（1075年），苏轼任密州太守的第二年，修建了超然台。当时诸城西北墙上有“废台”，原本是北魏时所建的城墙土台，荒芜废弃许久，苏轼因陋就简，“增葺之”而成新台。其弟苏辙依据《老子》中“虽有荣观，燕处超然”之句，命名其曰“超然台”。苏轼深爱此台，亲笔题写台额“超然台”。他作《超然台记》夸赞：“台高而安，深而明，夏凉而冬温；雨雪之朝，风月之夕，余未尝不在，客未尝不从。”苏轼公事之余，常与友人游憩于此，登高远望、饮酒赋诗。千古绝唱《水调歌头·明月几时有》就是于台上饮酒赏月一气呵成；脍炙人口的《望江南》等均作于超然台上。

后人缅怀苏轼，曾多次修葺超然台，在台上建了苏公祠、慕贤亭。历代文人墨客慕名登台凭吊，赋诗挥毫，留下了许多墨迹刻石，使超然台成为诸城文化的重要标志。登上超然台，可以南望马耳、常山，北望潍水，东望卢山，西望穆陵关，令人超然慨然。“超然四望”被列为诸城八大胜景之首。超然台成为宣传密州、宣传诸城的重要载体，延续940多年，在诸城文化发展史上具有非常重要的标志性地位。

超然台1948年毁于战火。2008年，诸城市政府决定在原址恢复重建超然台，2010年初竣工开放。台高10多米，东西延伸建设仿古城墙近200米。台与城墙均为中空设计，总建筑面积7000平方米。台上建有前后两厅、东西两庑，台下中空部分设苏轼纪念馆。馆分两层，上层主要展示苏轼的密州岁月和生平事迹，下层展示超然台刻石及苏轼密州出猎场景图等。整座建筑庄严肃穆，超然大气，集中展现了超然台文化绵长的发展脉络和对后世的深远影响，既是展示苏轼文化的窗口，也是闻名遐迩的游览胜地。

李清照与李清照纪念祠

李清照（1084—1155 年），宋代女词人，号易安居士，祖籍章丘。其丈夫赵明诚，诸城人，是当时宰相赵挺之的第三子，著名金石学家。赵明诚 21 岁在太学读书时，与李清照结为连理，当时李清照 18 岁。后赵挺之去世，赵明诚、李清照夫妇从此“屏居乡里”，专心于金石研究和诗词创作，共同在青州居住了 10 年之久。

宁静的青州，没有了京城尔虞我诈的宦海风波，就像一个世外桃源。李清照、赵明诚夫妇二人在青州度过了一生中最为美好、幸福的时光。李清照非常羡慕陶渊明的归隐生活，就借用《归去来兮辞》以

李清照夫妇合著的《金石录》

及其中的“审容膝之易安”句，将厅堂取名“归来堂”，居室称为“易安室”，并自号“易安居士”。

北宋宣和二年（1120 年），赵明诚被朝廷起用，赴莱州为官，只身上任，留下李清照独自一人在青州生活。夫妻长期分居，孤独的愁绪常常袭来。李清照创作了脍炙人口的《一剪梅》：“红藕香残玉簟秋，轻

解罗裳，独上兰舟。云中谁寄锦书来，雁字回时，月满西楼。花自飘零水自流，一种相思，两处闲愁。此情无计可消除，才下眉头，却上心头。”表达了对丈夫的思念之情。

李清照以词作著称，而词作又以婉约见长。她一生创作颇丰，但适值战乱，流传下来的不多。现存词作仅60首，且创作年代多不可考。

古色古香的李清照纪念祠

从词作的内容和风格分析，约有一半是在其屏居青州时所创作。

李清照纪念祠位于青州范公亭公园内。这处祠园采取“园中园”的建筑布局，大园为范公亭公园；中园独立成院，依河傍崖，粉墙环绕，亭廊楼榭错落点缀；小园便是李清照纪念祠，一处古色古香的宋代风格院落，内有归来堂、人杰亭、生平展室、名作词廊等。中园院内有顺河楼，顺河而建，高踞河岸，是一座亮窗出厦、三楹单层的建筑，不是楼而似楼。相传，当年李清照在青州居住的时候，曾经在这个顺河楼里赋诗、作词。

坐在顺河楼内，品一杯香茗，凭窗遐思，看眼前之美景，思古人之悠悠，确实为寄托情思的好去处。

郑板桥与潍县

郑板桥（1693—1765年），名燮，字克柔，号理庵，又号板桥，江苏兴化人，“扬州八怪”之一。清乾隆十一年（1746年）调任潍县知县。

郑板桥任潍县知县7年，最大的政绩是救济灾民。当时潍县发生了百年不遇的大旱，大批灾民流离失所。“十日卖一儿，五日卖一妇，来日剩一身，茫茫即长路……”正是当时的写照。作为知县的郑板桥采取果断措施：一边先行开仓赈贷，令百姓具券借粮，一边向上呈报；对于积粟之家，不分绅商，尽行封存，责其平粜。他还组织修筑城墙，疏浚城河，以工代赈。他处处关心百姓，千方百计拯民于水火，却不料触犯了豪绅巨贾的利益，遭诬告罢官。

郑板桥诗、书、画皆有成就，世称“三绝”，是清代比较有代表性的文人画家。代表作品有《修竹新篁图》《清光留照图》《兰竹芳馨图》

《甘谷菊泉图》《丛兰荆棘图》等。在潍县的 7 年间，他留下了不少描述潍县风土人情的竹枝词，著有《郑板桥集》。

目前在十笏园文化街区内建有郑板桥纪念馆，重点陈列展示郑板桥的生平事迹、在潍县遗留的碑刻题篆，包括郑板桥撰文并书写的“城隍庙碑”和其所书“润格”石刻拓片。

郑板桥纪念馆

陈介祺与万印楼

陈介祺（1813—1884 年），字寿卿，山东潍县人（今潍坊市潍城区人），中国近代最大的民间古文物收藏家，晚清时期中国最杰出的金石学家和古文字学家。

陈介祺为清道光二十五年（1845 年）进士，授翰林院编修、国史馆协修，咸丰年间致仕归里。之后专心致志于金石收藏和研究，最终成为一代金石大师。陈介祺一生嗜爱收藏文物，铜器、玺印、石刻、陶器、造像等无不涉及。其收藏的金石品类众多，数量惊人，且多为珍品。凡带有古文字的三代及秦汉器物都是他收集的目标。他因集有三代及秦汉印七千余方，故名其楼为“万印楼”；因藏有西周和春秋古钟 11 件，取其整数，将书斋名曰“十钟山房”。此外，他还藏有商周青铜器 248 件，秦汉青铜器 98 件，秦汉刻石及各种封泥、陶文、砖瓦、钱币、碑碣、造像、古籍、书画等珍品达万件以上。

在这些藏品中，国宝级青铜器毛公鼎最为著名。毛公鼎，因做器人毛公而得名。“鼎为直耳，半球腹，足为兽蹄形，矮短而庄重有力，

西周毛公鼎

毛公鼎通高 53.8 厘米，腹深 27.2 厘米，口径 47.9 厘米，重 34.7 千克。西周晚期重器，鼎内壁铸有铭文 32 行，497 字，是现存青铜器铭文中最长的一篇，堪称“西周青铜器铭文之最”

鼎的口沿还装饰有环带状的重环纹。造型浑厚凝重，饰纹古朴典雅。”鼎内壁铸有铭文，共 32 行，497 字，是现存青铜器铭文中最长的一篇，为天下金器之冠。铭文书法饱满庄重，具古典美，因而广受书法家的青睐。铭文内容叙事完整，记载翔实，被赞誉为“抵得一篇《尚书》”，是研究西周晚期政治的重要史料。现收藏于台北故宫博物院。

陈介祺鉴精藏富，治学严谨，多有创见，与江苏潘祖荫并称为“南潘北陈”。他精于金石文字考证及器物辨伪，写下了《十钟山房印举》《簠斋金文考释》等 75 部专著。其中《十钟山房印举》卅载准备，十年成书，收录博精，规模宏大，被金石学界和印学界誉为“印谱之冠”“印学之宗”。

万印楼，内有陈介祺的万余件藏品

王尽美与王尽美纪念馆

王尽美（1898—1925年），山东诸城市北杏村人，中国共产党创始人之一，山东党组织早期的组织者和领导者。

1919年，王尽美参加五四爱国运动，被推举为山东学生联合会负责人之一。1920年冬，与邓恩铭等人发起成立励新学会。1921年春，发起创建济南共产党早期组织，7月，赴上海出席中国共产党第一次全国代表大会，后任中共山东区支部书记，中国劳动组合书记部山东分部主任。他先后领导了山海关、秦皇岛等地的罢工斗争，还是开滦五矿总同盟罢工指挥部的成员之一。1924年11月，任中共山东地方执行委员会书记。1925年2月，抱病组织青岛国民会议促成会，参与领导胶济铁路工人大罢工。因积劳成疾，于1925年8月19日在青岛逝世，时年27岁。

王尽美（1898—1925年）
中国共产党创始人之一，山东党组织早期的组织者和领导者。他先后领导了山海关、秦皇岛等地的罢工斗争，还是开滦五矿总同盟罢工指挥部的成员之一

王尽美纪念馆

王尽美纪念馆位于诸城市城南三里庄水库坝北。门厅内镶嵌着董必武《忆王尽美同志》诗，大厅立有王尽美烈士全身雕像。总建筑面积为816平方米，共设四个展室，分别陈列王尽美烈士革命斗争的史料、图片、遗物，以及关于烈士的回忆文章与文艺作品。馆前有27级石阶，象征着王尽美烈士27年的人生历程；4个太平坛，象征着王尽美烈士参加过的中共一大、二大，国民党“一大”和远东各国共产党及民族革命团体第一次代表大会4次重大革命活动。王尽美纪念馆是进行革命传统教育和道德理想教育的重要基地。

曾山与潍坊特别市

在潍坊解放前后，曾山同志成功领导了潍坊的接管工作，为后来潍坊的建设和发展铺平了道路，揭开了潍坊历史上新的一页。

曾山（1899—1972年）
江西省吉安市人，1926年10月入党，中共第七、第八、第九届中央委员，中共潍坊特别市委第一任市委书记。

解放和接管潍县，不仅可以切断蒋介石集团济南、青岛之间的联系，将胶东、渤海、鲁中三大战略区连成一片，而且是我党在华东地区收复较大城市的开端和试点，对于总结和探索城市接管工作的经验，具有十分重大的意义。中共中央、华东局对潍县的接管非常重视。1948年4月1日，中共中央委员、华东局财委书记曾山同志奉命担任中共潍坊特别市市委书记，领导潍坊的接管工作。

曾山同志接受任务后，制定接管工作的基本方针；培训接管干部；深入调查，全面把握潍坊的社会和经济状况；设立机构，健全组织。4月中旬，潍坊特别市各级党政机构和军管会下设机构先后建立起来，接管前的各项准备工作基本就绪。

4月24日，我军攻克潍县西城。曾山同志率部分干部连夜进城开展接管工作。27日，潍县城全部解放，接管工作随之全面展开。进城后，曾山同志以军管会名义发布各种公告、命令，责令一切国民党敌特组织及反动会道门（派）即日起立即解散；明令保护公共设施；清查反动分子，稳定社会治安秩序。主持召开潍坊工、农、兵、学、商各界群众代表参加的座谈会，宣传党和政府的方针政策，广泛征求群众意见。成立善后救济委员会，调拨50万斤粮食救济灾民。

接收敌产是接管工作的重要内容。4月底，坊子煤矿归人民政府接管。4月27日，对国民党6家银行开展接收查封工作，于5月6日完成。在没收官僚资产的过程中，曾山同志规定“未经详细调查并得到市委批准的，不准随意没收”，受到了广大工商业者的好评。在接管过程中，曾山同志注意对教育和卫生机构给予重点保护。

在曾山同志的领导下，接管潍坊是“华东财政上唯一的一次从缴获中得到大批财政收入又未发生乱没收现象”的成功接收，为我党的城市接管工作积累了宝贵的经验。

在曾山同志的领导下，潍坊接管工作取得圆满成功。不仅为后来潍坊的建设和发展打下了坚实的基础，也为济南及整个华东地区的城市接管提供了十分宝贵的经验。潍坊工作走上正轨以后，曾山同志奉命返回华东局工作。1948年6月19日，他向中央呈报了关于潍坊接管工作的专题报告。

曾山同志总结：一要统一领导，统一宣传，统一处理问题，并随时检查各部门的工作。二要随时了解市民的情绪，及时解决市民的迫切要求。三要在接收和处理敌产问题上，形成一套较为成熟的做法。首先，在接收方法上提出上、中、下三种接管理论，即以找到原管理人交待接管为上策；收集文件，配合给奖，取得情报为中策；见东西就搬为下策。其次，要正确分配敌产物资。对于能作军用的物资如汽油、粮食、大宗服装等应好好掌握，其余的可首先用于慰劳部队。第三，对于公共建筑、公共场所，要派兵保护。第四，接管会必须有一定的看管物资、足够应用的武器和效能运输工具。

地质景观

[沂山国家森林公园
青州国家地质公园
山旺国家地质公园
昌乐火山国家地质公园
诸城恐龙国家地质公园
白浪河国家湿地公园
滨海盐田]

沂山国家森林公园

沂山，古称海岱、海岳，有“大海东来第一山”之美誉，居中国五大镇山之首，史称“东镇沂山”。

沂山是一座历史悠久的文化名山。据《史记》记载，黄帝曾登封沂山；舜肇州封山，定沂山为重镇；汉武帝亲临其下，令礼官祀之。隋、唐、宋、元、明、清历代屡有增封，祀典不废。历史上有10个朝代的16位皇帝登封于此，留下了名垂青史的“东镇碑林”。历代大家名士也倾慕沂山，郦道元、李白、范仲淹、欧阳修、苏轼、苏辙，以及明代状元马愉、赵秉忠，清朝体仁阁大学士刘墉等均至此览胜，留下了大量诗章名句和碑碣铭文。

沂山国家森林公园位于临朐县城以南45千米，生态资源丰富，空气负氧离子含量高，是得天独厚的“天然氧吧”。2013年12月荣膺国家5A级旅游景区。公园为森林覆盖率达98.6%，为山东省之最，植物种类共有137科、480属、1000余种。沂山森林群落包括赤松林、油松林、落叶松幼林等针叶林，麻栎林、刺槐林、鹅耳枥林、杂木林等落叶阔叶林，以及赤松和麻栎组成的针阔混交林。

沂山国家森林公园是自然与人文的完美结合。奇峰怪石、飞瀑流泉、古松名树、庙宇古建、佛雕石刻，天然与人造景观交相辉映。沂山国家森林公园共分为五大景区，自东向西依次是：以东镇碑林、庙宇古建为主的东镇庙景区，以飞瀑流泉、古亭石刻为主的百丈崖瀑布景区，以古寺佛雕、古松名树为主的法云寺景区，以极顶览胜、天然景观为主的玉皇顶景区，以古庙神刹、奇峰怪石为主的歪头崮景区。五大景区交相辉映，具有南险、北奇、东秀、西幽之特点。

公园内的著名景点有东镇庙、法云寺、百丈崖瀑布、玉皇顶、狮

沂山云海

子崮、歪头崮、古松群、玉带溪、圣水湖、孝母崖、白石瀑布、神龙大峡谷、黑松林、仙人谷、魂谷等，其中最具代表性的就是东镇庙、法云寺、神龙大峡谷和百丈崖瀑布。

东镇庙位于沂山东麓，是古代帝王将相、文人墨客祭祀、朝拜沂山的首站。其前身是西汉太初三年（公元前 102 年）汉武帝登临沂山时在玉皇顶修建的“泰山祠”。东镇庙凝聚了沂山悠久的镇山文化，历代

的皇家御祭、官府祭祀、民间供奉和谒拜等活动在庙内及周边留下了大量的历史文化遗存，著名的东镇碑林即在庙内。东镇碑林规模宏大，碑上记载的文字是反映各朝政治、经济、文化等诸多领域历史面貌的重要文献。2014 年 12 月，东镇沂山祭仪入选第四批国家级非物质文化遗产代表性项目名录。

法云寺西倚玉皇顶，东临玉带溪，左右崇山对峙，绵延东去，形

沂山雾凇

沂山航拍

势巍峨，如龙盘虎踞。法云寺始建于东汉章帝元和元年（公元 87 年），因寺内常云雾弥漫、仙气缭绕，故名“发云寺”，佛家尊称的“法”与“发”谐音，故后改名为“法云寺”。寺内有圣水泉，为汶水之源；寺外圣水湖碧波粼粼，玉带溪蜿蜒东去，衔碧吞绿，溪边古树林立，怪石嶙峋，美不胜收。

百丈崖瀑布被誉为“江北瀑布之冠”，一瀑三叠，总落差 86 米。

沂山国家森林公园导览图

第一叠水流喷薄而泻，激起的水汽如云似雾；第二叠水流分开，如众龙戏珠；第三叠落差近 70 米，瀑布飞流直下，直冲崖底，远望似悬天白练，近观如银河倾泻。百丈崖瀑布壮观的景象令历代文人墨客纷纷题咏，山谷间遍布名人雅士题写的诗句和摩崖石刻，唐朝诗人李白曾亲临此地，赋诗一首：“百丈素崖裂，四山丹壁开。龙潭中喷射，昼夜生风雷。但见瀑泉落，如潀云汉来。”

沂山百丈崖瀑布

青州国家地质公园

青州国家地质公园位于青州市的西南山区，总面积 70.7 平方千米，是一处以岩溶地貌景观为鲜明特色，涵盖古生物化石、地质剖面、水体景观等多种地质遗迹类型的综合性中型国家地质公园。

青州国家地质公园以云门山、驼山、仰天山、卸石山等为主体，分为云驼园区和仰天山—黄花溪园区。云驼园区包括云门山景区、驼山景区，总面积 9.54 平方千米；仰天山—黄花溪园区包括仰天山、云台山、反个崖、泰和山和黄花溪各景区，总面积 61.16 平方千米。

仰天山国家森林公园

仰天山国家森林公园集森林、地貌、人文景观于一体，森林覆盖率达 97% 。大部分区域为天然次生林，林相完整，群落多样。一年四季，因季节不同，仰天山有着不同的景色，尤其是深秋季节，层林尽染，万山红遍。这里动植物种类繁多，自然环境幽美，地质地貌奇特，有江北地区发育最好的垂直溶洞群和众多的天然洞穴，还有高达 40 多米的溶洞天窗，巨大的溶洞石旗更是令人叹为观止。

森林公园以仰天山为中心，有三个不同特色的景观群：一是位于仰天山东麓的文殊寺、佛光崖、望月亭等景观；二是位于仰天山山顶的仰天槽、灵泽洞等景观；三是仰天山周边景观，如逄山、潭溪山、白洋湖（钓鱼台水库）、红枫湖（仁河水库）、神仙门、唐赛儿寨等。

文殊寺位于仰天山主峰东侧山下，始建于北宋初期，是我国三大文殊寺院之一。文殊寺是罕见的坐西朝东式，寺前有两棵宋代古槐巍然而立，就像两位忠诚的卫士，护卫着山门，见证了文殊寺沧桑的历史。山门两侧分别是钟楼和鼓楼。寺内僧人每天伴着晨钟暮鼓念经修行。寺院内有一块珍贵的石碑，立于明朝嘉靖年间，碑文《重修敕赐仰天文殊禅寺灵泽古刹序》，记载了该寺建造与重修的过程。

在文殊寺东北有一座文昌阁，阁台高拔，白壁红柱。凭窗而望，整个寺院及周围的景色一览无余。文殊寺西侧尽处（在寺庙背面）有一处巨大的天然石壁，名“佛光崖”，一壁万仞，如刀削斧劈。崖色赤褐，上部微凹，顶端圆秀，下部宽宏。站在崖根仰头望去，只见云动崖移，群鸦惊飞，野蔓附枝，飞松倒挂，各具情态。崖壁下方镌有金代明昌年间线雕如来佛宝座及二侍童像，线条流畅，端庄典雅，栩栩如生。佛光崖像一道屏风一样矗立在文殊寺之后，连同两边山脊组成了一个“几”字，文殊寺便坐落于“几”字形的山坳里面。

望月亭位于文殊寺西南一处视野辽阔的山梁上，面朝东方，脚下三面都是悬崖。望月亭采用拱顶石质殿式结构，拱顶无梁，窗门四达，丛木环列。在石亭的左侧，有一对古柏，亭顶的石板上还长有三棵柏树。从望月亭南望，越过如黛的山巅，可以直视苍穹；东望，越过灌木丛生的深谷，目光所及，无遮无拦。每当明月升起，石亭就是仰天山望月的最佳位置，因此取名望月亭。沿着回环弯道多达 12 个的九龙盘公路可到达山顶，这里有仰天槽景观和千米地下大峡谷——灵泽洞。仰天槽海拔 750~840 米，是我国已知的面积最大的山顶洼地；仰天槽有厚约 2 米的黄土，对研究我国华北地区气候和环境的变化有重要的科学价值；仰天槽内还集中了 56 个大型漏斗、上百个落水洞，其密度之大、数量之多，在华东地区非常少见。灵泽洞位于仰天槽的西北部，因洞旁有灵泽庙而得名。该洞由黑龙洞、四门洞等洞穴组成，全长 1000 多米，

洞内高峻奇险、瑰丽奇特，石笋、石柱、石幔、石帘、石旗等各类岩溶景观参差错落、千姿百态。

仰天山上随处可见摩崖题刻，这些题刻生动地反映了历史上的治乱兴衰，为研究中国的书法艺术提供了宝贵的资料。如在白云洞口附近，有金章宗泰和元年（1201 年）镌刻的一则题刻：“少尹副都总管黄捆安远捕盗至此”。另外还有宋朝著名政治家、文学家范仲淹，著名的金石学家赵明诚等人的题刻，堪称珍贵的历史文物。

仰天山佛光崖

云驼风景区

云驼风景区规划面积28平方千米，由云门山主景区、驼山主景区和森林公园三部分组成。

云门山位于青州城区以南2千米处，海拔421米，虽然不高，但陡崖峭立，山势巍峨，漫山松柏，景观棋布，宛如一个巨大的盆景端坐城南，因美丽、俊俏的身姿和特殊的地理环境而独具风貌。山顶有一个南北贯通的天然穴洞——云门洞，洞高约3米，宽约4米，深6米多。每到夏秋季节，缭绕的云雾穿洞而过，将山顶的亭台楼阁托于滚滚云海之上，犹如仙境一般，故被称为“云门仙境”，又称“云门拱壁”，云门山也因此而得名。

云门山上有隋、唐石窟造像5处，石佛272尊。山巅的天仙玉女祠是典型的明代全石无梁建筑，匠工非凡。山阴处有国内外罕见的巨大的明代摩崖石刻“寿”字，字体结构严谨，端庄大方，坐南朝北，通高7.5米，宽3.7米，仅“寿”字下半部分的“寸”字就高达2.23米。

驼山位于青州城西南4千米处，海拔408米，面积5平方千米，自古以来就是名震青齐的游览胜地，号称“驼岭千寻”。驼山绵延数千米，林地面积248.9公顷，森林覆盖率89.15%，山中有古树5000余株。远远望去，驼山顶上双峰对峙，“其象如驼”。山前石壁上刻有明正德年间兵部尚书乔宇篆书“驼山”二字。驼山与云门山、劈山同为古城青州的天然屏障。

驼山之所以引人注目，不仅因为它有陡峭的山峰、古老的松柏、盘桓而上的“天梯”和百余种动、植物，更重要的是这里有国家重点保护文物石窟造像群和山顶的昊天宫等价值极高的文物古迹。驼山山腰有一处望佛台，站在台上眺望，可见东南方向由山体曲线形成的天然

云门山隋代摩崖造像第一窟

“巨佛”。“巨佛”长约2500米，五官端正，安详慈和，口、鼻、下颏、喉节逼真传神，举世罕见，令人叹为观止。明代谢肇之游罢驼山，不禁感慨：“不厌驼山路，千峰列翠屏。天连海树黑，日落岱云青。”

云门山森林公园位于云门山腹地，面积9.8平方千米，园内空气清新，群山翠绿，林荫蔽日，绿草如茵，湖水清澈，溪流蜿蜒，环境幽雅。

云门山、驼山和森林公园各具特色、交相辉映，共同构成一幅美丽的生态、文化旅游画卷。

云门题刻

N
W
E
S
凤凰山路
凤凰山路
大明衡王城
游客接待中心
东夷文化标志园
丰收路
丰收路
颐寿路
望寿路
云门湖
云
门
湖
下逄路
云门山森林公园
森林音乐广场
鸣翠湖
生态体育公园
甲子文化园
颐寿路
凤凰亭
云门山户外活动中心
凤凰山景区
云门驿站
小火车站点
下逄路
游客接待中心
驼山
甲子路
步行道
望寿路
自行车道
游客接待中心
凤凰眼
龙兴寺
云驼路
寿
云门山

云驼风景区导览图

云门山上明代的“寿”字石刻

山旺国家地质公园

山旺国家地质公园位于潍坊市临朐县城东约 22 千米处，总面积 13 平方千米。这里是一座古生物化石天然博物馆，保存着 1800 万年前的古生物化石。这些化石种类繁多，化石中的生物有 10 多个门类、700 多个种属。植物化石包括藻类、苔藓、蕨类、裸子和被子植物，其中以植物的枝叶最多，也有保存得很完好的花、果实和种子化石；动物化石有昆虫、鱼类、两栖类、爬行类、鸟类、哺乳类等，绝大多数为绝灭种。

约 1800 万年前，山旺一带是一片宁静、清澈的浅水湖，湖水周围环山，稍远处还有活火山。火山喷出物随着水流进入湖中，使湖内含有丰富的可溶性氧化硅，再加上当时这里是温带与亚热带气候的过渡区域，有利于动植物的生长和繁殖，因此随着地理变迁，动植物遗体沉积

山旺国家地质公园内的玛珥湖

到湖中。湖中极为稳定的沉积环境和轻而细腻的沉积物——硅藻土，以及硅藻土中含有的大量硫化铁结晶和磷核，构成了一种极其特殊的条件，造成动植物遗体免遭外界环境的破坏，从而在硅藻土页岩中留下了完好的古生物化石。

1976年，专家在这里发现了“山旺山东鸟”化石。因为鸟类骨骼中空，骨壁薄，死后骨骼很容易破碎，不易保存为化石，加之大多数鸟类在森林中生活，死后很难遇到埋藏环境，所以鸟类化石特别是完整的鸟类骨架化石非常罕见。

“山旺山东鸟”是我国第一件保存基本完整的鸟类化石，故被誉为“中国第一鸟”。经鉴定该鸟类为雉科，是新属新种。这一发现填补了我国第三纪鸟类化石的空白，在当时的国际古生物界引起了轰动。1978年至1979年，又先后在山旺发现三只鸟化石标本，分别为雉科“临朐硕大鸟”、鸭科“硅藻中华河鸭”、秧鸡科“秀丽杨氏鸟”。1978年发现了无角犀化石，其骨骼长2.3米，高2.17米，是我国第三纪中新世第一个完整的犀牛骨架。

山旺古生物化石不仅种类多，而且印痕清晰，栩栩如生。这些化石不仅完整地保存了大型哺乳动物的骨骼，就连极细微的昆虫纤毛也保留了原貌，如一些昆虫的翅、爪，蜻蜓的翅膀，蝙蝠的膜翼都清晰易辨，有些还显现出死前挣扎的形态，甚至连极难成为化石的蝌蚪、蝾螈等，都十分完好地保存了下来。蜜蜂、枫叶等化石还保持着原有的鲜亮色彩。山旺化石不愧为“万卷石史，国之瑰宝”。

山旺化石群对于了解生物进化历程有着重要的意义，也为探索中国华东北部新生代生物群、古地理、古气候、地层对比等提供了重要依据，对中国黄河、东海大陆架矿产资源的开发也具有一定意义。

中新世硅藻中华河鸭化石

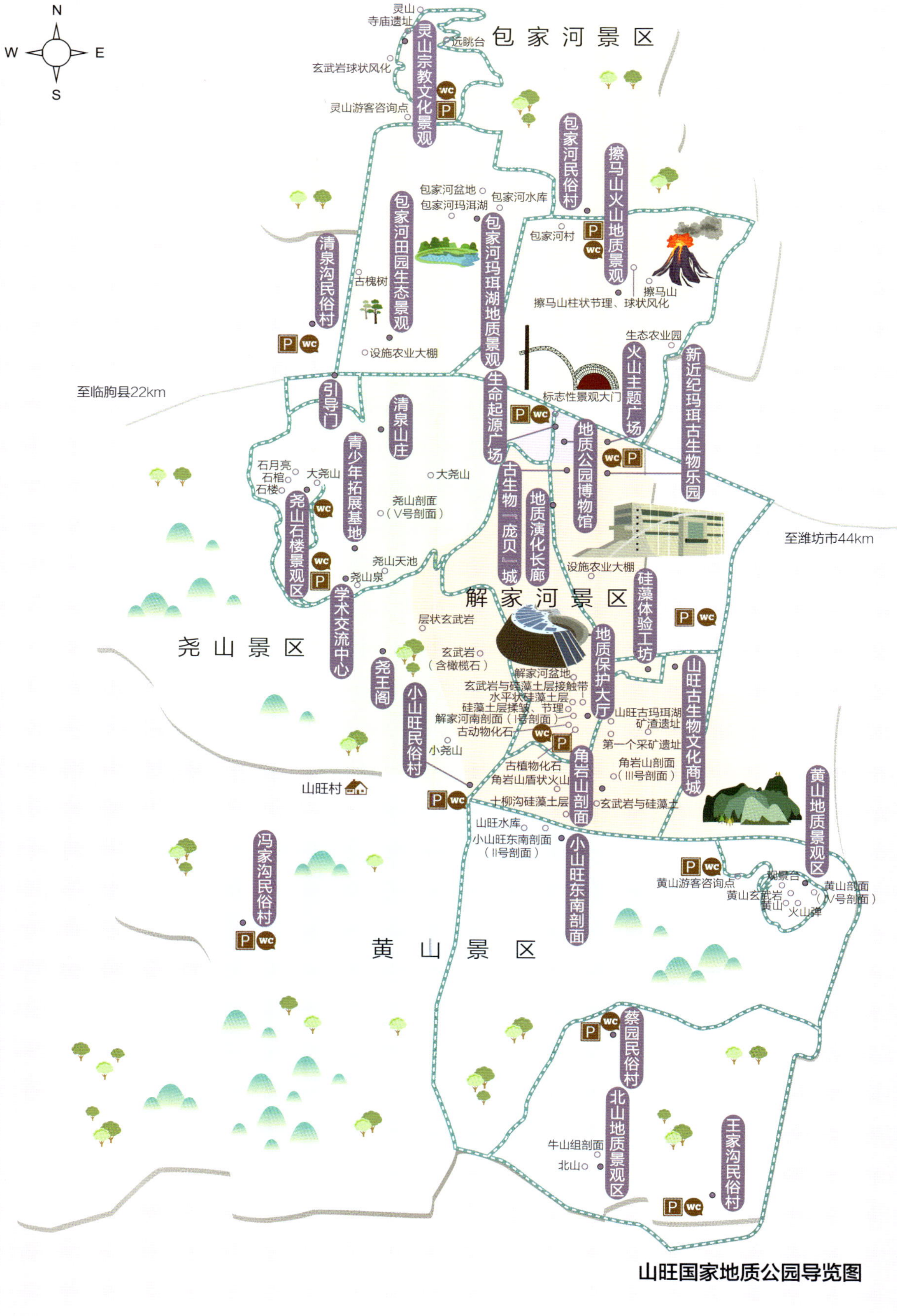

山旺国家地质公园导览图

尾金鱼藻化石

产地：山东临朐山旺

时代：中新世

羽叶化香化石

产地：山东临朐山旺

时代：中新世

豆科植物化石

产地：山东临朐山旺

时代：中新世

昌乐火山国家地质公园

昌乐火山国家地质公园位于潍坊市昌乐县城以南约 17 千米的乔山、团山子一带，行政区划隶属于昌乐县乔官镇。公园范围北至荆山北侧，南至猪山，西至苍山东，东至团山子，公园边界由 78 个拐点圈定，共一个园区，包含郝家沟景区、团山子景区、乔山景区和荆山景区 4 个景

区，面积为 32.6 平方千米。昌乐火山国家地质公园是一处以火山地貌和蓝宝石原生矿床为主题，涵盖火山遗迹景观、古生物化石、典型地层剖面、构造行迹和水体景观的综合性地质公园，现为国家自然遗产。

昌乐县地处欧亚板块边缘、郯庐断裂带西侧。1800 万年前，在郯庐断裂带频繁的地壳运动中，昌乐境内发生了三次大规模的火山喷发，岩浆喷出地表冷却凝固成岩栓，形成了以古火山地貌为特征的地质群落，孕育了稀世珍宝——昌乐蓝宝石。经调查，昌乐县境内有较高观赏、开发价值的古火山 84 处。

该地质公园内有地质遗迹地点（群）58 处，包括世界级 1 处，即乔山蓝宝石原生矿；国家级 4 处，分别为岩浆二次喷发接触面、火山颈和围岩完整剖面、刘家山玄武岩六棱柱横截面、团山子扇形柱状节理；省级 30 处；市县级 23 处。公园地质遗迹保护区划分为一级保护区、二级保护区和三级保护区，保护区面积共 1758.38 公顷，在火山地貌学研究和地学知识科普教育方面具有很高的价值。

绵延起伏的远古火山群

昌乐火山美景

诸城恐龙国家地质公园

诸城恐龙国家地质公园位于龙都街道库沟村北，距市区约 10 千米。公园占地 9.45 平方千米，包含三个一级保护区，分别为库沟一级保护区、恐龙涧一级保护区、臧家庄一级保护区；两个二级保护区，分别是恐龙涧二级保护区和臧家庄二级保护区。

园区内密集分布的恐龙化石和典型的白垩纪王氏群地层剖面是公园的主要地质遗迹。园内先后出土并命名“巨型山东龙”“巨大诸城龙”“诸城中国角龙”“意外诸城角龙”“巨型诸城暴龙”“巨大华夏龙”“诸城坐角龙”等 10 多个恐龙新属种。这里有世界上最高大的鸭嘴龙化石，填补亚洲空白的大型角龙化石，以及目前中国发现的最大的肉食恐龙暴龙的化石。诸城规模庞大的恐龙化石群被联合国教科文组织世界地质公园执行局专家誉为“举世罕见的地质奇观”。

山东诸城恐龙国家地质公园现已建成暴龙巢（诸城中国暴龙馆）、万龙壁（恐龙涧化石长廊）、龙立方（龙立方展馆）、巨龙馆（诸城恐龙博物馆）等展馆。

暴龙巢占地约 3000 平方米，建筑面积 3200 平方米，原址展示化石 2000 余块，包括巨型诸城暴龙、诸城中国角龙、巨大诸城甲龙、巨大华夏龙四大龙王化石的原址展示。馆内还展示了“两大奇观”：多达七层的化石层叠区以及暴龙与角龙、甲龙、鸭嘴龙格斗搏杀的完整遗迹，再现了白垩纪晚期群龙争霸的恢宏场景。

万龙壁长近 500 米，暴露化石近万块，是目前世界上规模最大的恐龙化石群。龙立方展陈着在诸城出土的 10 多具恐龙化石骨架和上百件恐龙化石标本。巨龙馆内陈列着世界上最高大的鸭嘴恐龙化石骨架——“巨大诸城龙”（高 9.1 米，长 16.6 米），被中外专家誉为“世界第一龙”；珍藏于神妙龙骨厅的巨大恐龙股骨化石被誉为“华夏第一奇骨”。

白垩纪诸城恐龙世界

白浪河国家湿地公园

白浪河国家湿地公园位于潍坊市区白浪河上游，南起白浪河水库，北至宝通西街，如一条长龙蜿蜒俯卧6.7千米。这里一年四季景色纷呈，是繁华都市中一处难得的“世外桃源”。特别是在夏季，岸上绿树浓荫、繁花锦簇，水中荷花绽放、芦苇摇曳，山石花鸟相得益彰，亭台楼阁、小桥流水相互映衬，自然优美的生态意境犹如一幅江南烟雨图，令人沉醉其中难以自拔。

白浪河国家湿地公园分为休闲度假区、湿地科普区、人文公园区三大景区。自北向南的景观依次为杏坛古韵、柳岸闻莺、云泽铺晖、瀚林栖凤、白浪跃湖。沿途还有白浪渔歌、印象江南、苏公步月、苏公堤、秋水云阁、浑天古韵、莲花山、芦花泛舟、杏林吐芳、槿篱农舍、南溪垂钓等特色景点。

从北门进入公园，行走数米，即可欣赏到“印象江南”。首先映入眼帘的是牌楼、大宅院、戏台、门楼等类似明清时期江南风格的古建筑，这里是刚刚建成的国学讲堂，主要用于国学交流、文化展示、会议举办。继续前行可直达“苏公步月”。传说苏东坡当年在密州任太守时，曾从白浪河涉水过河。为纪念这位伟大的文人，白浪河在改造中重新规划建设了苏公步月、苏公堤等众多与苏东坡有关的景点。而“苏公堤”就在“印象江南”的对岸，二者隔水相望。

继续前行，可以看到左侧的木栈道。8000余米的木栈道临水而设，走在上面，两侧的美景令人应接不暇，典雅的景观长廊、挺拔的风景林、娇艳的鲜花、如茵的绿草，给人一种“人在画中游”的美妙体验。栈道右侧可以望见公园的地标性建筑——秋水云阁。这是白浪河湿地上主要的登高、观景建筑，主体为五层，六边形。登上秋水云阁，极目远眺，除可以将公园内的美景尽收眼底外，还可以感受到独上高楼的冷寂与阵阵清风，涤荡凡心，十分惬意。

在水系与小岛之间还架有桥梁。整个湿地公园共建有40余座各具特色的桥梁，除此之外还有30余个亲水观景平台。通过栈道、桥梁和观景平台，游人可在不破坏湿地环境的情况下赏景、垂钓、观鸟。在公园内可观赏的鸟类达上百种，主要包括白鹭、野鸡、野鸭、斑鸠、啄木鸟等野生鸟类。

当然，公园内的古树也是一道不可或缺的风景。苍松翠柏、银杏国槐，还有许多难以叫上名字的珍稀树木，有的亭亭玉立，有的奇形怪状。其中，最有韵味、最负盛名的就是银杏了。秋风吹来时，银杏树叶飘落到地上，为大地铺上一片金黄，与河滩上的芦苇荡形成一黄一白的鲜明对比，相映成趣，甚是美丽。

秋天芦花盛开时，白花花的一片在空中飞舞，像雪花一样飘落。偶有白鹭从芦苇丛中突然飞出，以美丽的弧线一飞冲天，惊起一群不知名的鸟儿，甚是热闹。

白浪河湿地公园

在公园的西南部，有一处与白浪河湿地环境融为一体的建筑群——“槿篱农舍”。它还原了潍坊传统民居的风貌。农舍里有茶馆、土菜餐饮、农业生活展示等内容，为游客提供了一处感受传统农村生活、回归自然的休闲空间。农庄以潍坊当地传统民居为蓝本，采用传统的装饰方法，小青砖墙面、灰色筒瓦屋面，突出了建筑返璞归真的风格和地域特

色。在这里，游客可以体验农家传统生活，品尝特色餐饮。槿篱农舍是一幅不可多得的潍坊风情画卷。

白浪河国家湿地公园的美景数不胜数，郑板桥、李清照、刘墉等潍坊历史名人，其传说逸事也都将在白浪河的改造中得以体现，为河道景观注入更加丰富的文化灵魂。

白浪河

滨海盐田

渤海莱州湾南岸海岸线长 140 千米，滩涂属淤泥沙质平原，潍坊市盐区就在这里。盐区面积为 14.72 万公顷，其中地下卤水带面积 11 万公顷，占莱州湾沿岸卤水带面积的 76.7%。盐区滩涂广阔，地下卤水浓度高，海盐生产条件优越，是全国重要的海盐及盐化工生产基地。

潍坊盐业历史悠久。春秋时期，管仲相齐，在这里首创“官山府海之策”。汉代，寿光、都昌（今昌邑市）即置盐官。元代，始置官台（在今寿光境内）、固堤（在今寒亭境内）两盐场。清代，沾化县的富国盐场迁至昌邑。清末至民国初年，寿光官台、广饶王冈两盐场合并为王官盐场，盐滩发展到 1062 副，年产盐 5 万余吨，原盐大量积压。民国时期，国民党政府封滩毁盐。抗日战争爆发后，盐区沦入日军之手，生产停滞。1945 年后，盐区相继解放，民主政府推销陈盐，恢复盐滩，至 1949 年盐田面积达 4.53 万亩（3020 公顷），产量 9.05 万吨。

中华人民共和国成立后，对盐业逐步进行了社会主义改造和技术改造。1958 年，国家大型海盐生产企业山东羊口盐场落户潍坊滨海。

1986 年，国家七五重点项目潍坊纯碱厂在此开工建设。1995 年，山东羊口盐场与潍坊纯碱厂实现盐碱联合，组建山东海化集团，潍坊滨海成为全国最大的盐及盐化工生产基地。从 20 世纪 90 年代开始，潍坊盐业进入大改革、大发展时期。全市盐业实施“以盐为主，盐化并举”的发展战略，在扩大原盐生产规模、提高质量的同时，突出发展盐化工，加快产业、产品结构调整步伐，先后新建了一大批溴素厂，在此基础上开发了溴系列深加工产品，实现了深加工、多增值，盐化工成为潍坊盐业的半壁江山。潍坊市现有制盐企业 36 家，拥有盐田 364.36 平方千米，盐田生产面积达 294.36 平方千米，原盐生产能力为 900 万吨 / 年。

滨海区盐业企业机械化捞盐

璀璨『非遗』

概况

潍坊境内有丰富的非物质文化遗产，其中包括众多与当地民众生产生活密切相关的民间文学、传统音乐、传统舞蹈、传统戏曲、传统曲艺、传统美术、传统技艺和民俗等非物质文化遗产。这些源远流长的非物质文化遗产，不仅是潍坊历史文明的见证，也是历代潍坊人民勤劳智慧的结晶。这些散落在民间的瑰宝，在全社会的共同保护下，成为生活在潍坊这片土地上的人们共同的乡愁记忆。

截至 2022 年 10 月底，潍坊市有国家级、省级、市级“非遗”项目 500 多项，包括国家级 17 项、省级 99 项、市级 427 项，诸城派古琴和高密剪纸被列入联合国教科文组织人类非物质文化遗产代表作名录；有国家级传承人 9 名、省级传承人 54 名、市级传承人 357 名。

17 项国家级项目分别是潍坊风筝、杨家埠木版年画、高密茂腔、高密扑灰年画、东镇沂山祭仪、舜的传说、柳毅传说、青州花毽、潍坊嵌银漆器、秃尾巴老李的传说、潍坊核雕、诸城派古琴、高密剪纸、聂家庄泥塑、安丘孙膑拳、寿光晒盐技术、景芝酒传统酿造技艺。

潍坊刺绣

山东省潍坊市非物质文化遗产分布图

月宫图
闹海
宏源白酒传统酿造技艺
百鸟朝凤
卤水制盐技艺
寿光蔬菜生产习俗

挫琴
棒槌花边技艺
井塘村石砌房民居建筑技艺
青州红丝砚制作技艺
剪刀锻制技艺
云门春酒传统酿造技艺
青州宣卷

姜太公传说
金银细工制作技艺

临朐手绘年画
洼子跑麒麟
东镇沂山祭仪
周姑戏
桑皮纸制作技艺

酒祖传说
泥塑
安丘查拳
木杆秤制作技艺
地功拳
李左车传说
董家骨科正骨疗法
孙膑拳
东路大鼓
景芝酒传统酿造技艺

潍坊市国家级非物质文化遗产名录

舜的传说
秃尾巴老李的传说
柳毅传说
古琴艺术（诸城派）
民间信俗（东镇沂山祭仪）
高密茂腔
核雕（潍坊核雕）
杨家埠木版年画
高密扑灰年画
剪纸（高密剪纸）
泥塑（聂家庄泥塑）
孙膑拳
花毽
漆器髹饰技艺（潍坊嵌银髹漆技艺）
风筝制作技艺（潍坊风筝）
晒盐技艺（卤水制盐技艺）

潍坊市市辖区
杨家埠木版年画
潍坊核雕
潍坊风筝
潍坊嵌银漆器
潍坊刺绣
柳毅传说
崔字小磨香油传统技艺
潍坊仿古铜铸造技艺
阴阳鼓
布玩具
潍坊朝天锅制作技艺
茧绸织染技艺
华疃正骨
潍河
昌邑市
小章竹马
昌邑土陶烧制技艺
乾隆杯酒传统酿造技艺
孙膑崇拜
昌邑砖雕
杨家埠木版年画
是一种流传于山东省潍坊市杨家埠的传统民间版画。其乡土气息浓厚，制作工艺别具特色，与天津杨柳青、苏州桃花坞并称中国木刻版画三大产地。
茂腔
是流行于山东省青岛、潍坊、日照等地的传统地方戏曲，最初为民间哼唱的小调，称为“周姑调”，传说系因一周姓尼姑演唱而得名，又称“肘子鼓”。茂腔距今有二百多年的历史。
孙膑拳
是山东一个古老稀有的传统拳种，其内涵博大精深，是春秋战国时期军事家孙
峡山水库
高密剪纸
胶河
高密市
高密扑灰年画
聂家庄泥塑
高密剪纸
茂腔
地秧歌
高密半印半画年画
高密菜刀工艺
地龙经拳
古琴技艺（诸城派）
诸城市
秃尾巴老李传说
诸城派古琴
大舜传说
公冶长传说
传统古琴制作技艺
潍坊市省级非物质文化遗产

风筝制作技艺（潍坊风筝）

潍坊制作风筝的历史由来已久，因此又被称为“鸢都”。

宋代，风筝开始在民间广泛流行，至明清之际发展到鼎盛时期。清朝中叶，潍坊出现了许多专门从事风筝制作的民间艺人。白浪河沿岸的风筝艺人扎制出的风筝新颖好看，放得又高又稳，远近闻名。清明节前后，竞放风筝成了潍坊地区的踏春风俗。曾任潍县县令的诗人兼书画家郑板桥在诗中写道：“纸花如雪满天飞，娇女秋千打四围。五色罗裙风摆动，好将蝴蝶斗春归”，把潍县风筝的特点和放风筝的风俗描写得淋漓尽致。

作为潍坊的城市象征，潍坊风筝一直受到潍坊人民的珍爱和重视。2006 年，潍坊风筝制作技艺入选第一批国家级非物质文化遗产名录。

题材类别

潍坊风筝选材讲究，扎糊精巧，绘画精细，造型优美，形象生动，还具有浓郁的生活气息和地方气韵。其题材广泛，包括飞禽、鱼虾、虫蟹、几何图形、文字、器物、历史人物、神话传说等。在诸多题材中最令人瞩目的要数“龙头蜈蚣”风筝，在2010年首届中国非物质文化遗产博览会上，全国共有622个非物质文化遗产保护项目参展，最终以“龙头蜈蚣”为代表的潍坊风筝制作技艺获得金奖。潍坊风筝品类繁多。根据制作者的身份、文化层次和知识结构，可大体分为传统民间派、传统艺匠派、现代创新派三个艺术流派。

风筝制作技艺

大鹦鹉风筝

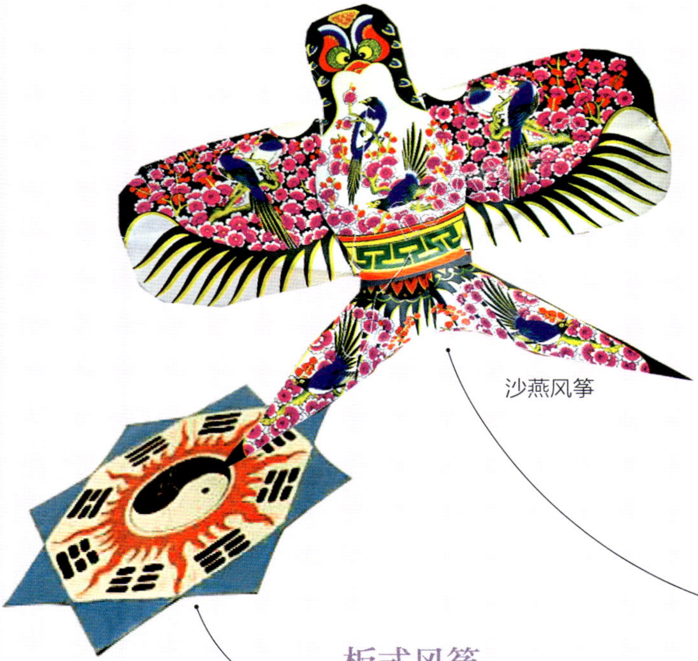

沙燕风筝

板式风筝

板式风筝，又叫“板子风筝”“拍子风筝”，风筝升力片边缘都有骨架支撑，形成板状的结构，因此被称为板式风筝。板式风筝适合进行工艺美术创作，因而题材广泛，从花鸟虫鱼到人物故事都可体现，最典型的有八角形八卦板式风筝、老潍县的板式蝉风筝等

硬翅风筝

硬翅风筝，又叫“元宝翅风筝”，是我国最具特色、最典型的传统风筝。此类风筝式样多变，骨架结构因题材内容多有不同，但两侧都设有独特的升力片——由两根向后弯曲的竹条和膀线上覆蒙的面纸组成，形成结构稳定的通风道（风兜），其形如翅，因而被称为硬翅风筝。沙燕风筝和潍坊“城派”的工笔人物风筝是硬翅风筝中的翘楚

动态风筝

潍坊风筝六大类

龙头蜈蚣风筝

动态风筝

动态风筝，从广义上讲是指能通过“风叶轮”、风筝骨架的受力变化，借助风力“动”起来的风筝。老潍县的“城派”风筝艺人创新和发展了“风筝碰”，将动态风筝的设计融入到其他类别的风筝当中，对动态风筝的发展作出了突出贡献

串式风筝

串式风筝，是制作工艺极为复杂、极具观赏价值的中国传统风筝。此类风筝是把数只相同或不同的风筝用线串起来做成的，因此称为串式风筝。其中最具有代表性的是龙头蜈蚣风筝

桶式风筝

软翅风筝

软翅风筝，是我国最为常见、普及度最高的传统风筝。此类风筝的升力片由一根主翅条和翅形的蒙面组成，因两翼下部无硬性结构，随形剪就，而没有“骨”，所以被称为软翅风筝。放飞时，风从两翅蒙面的下方逸出，形成上升的力，故而有较好的起飞性能

立体风筝

立体风筝，也叫筒子类风筝、桶式风筝，骨架通常为折叠结构，外面覆上蒙面，具有较为明显的一个或多个形似圆柱体或长方体的立体结构。传统的“城派”立体风筝多以宫灯、花瓶为题材，采用工笔画的手法绘出蒙面，十分精致

制作四艺

潍坊风筝的独特个性是通过“扎、绘、糊、放”四种技艺来具体表现的。

扎。潍坊风筝的骨架一般用竹材扎成，扎骨架的主要工序有选竹材、破竹材、削竹条（有“抽削”“推削”诸法）、修竹条、弯竹条、扎结竹条等。扎制艺人总结了丰富的经验，有的还把经验编成了歌诀。例如，扎硬翅胖沙燕的口诀是：“胖燕四四法最新，一头一腹一尾根。上条平直须坚硬，下条扁软势随形。七段等分论条架，两膀对扎半圆形。中腹应按双方计，尾竹上端中线寻。下端长短如何定，横设架子首尾平。托纸中间方四块，两膀各四必相等。头部迎风腹为主，尾竹要软好泻风。裆肥纸阔单面软，迎风不会左右倾。”

糊。风筝用纸要依风筝形式而定，可用矾绢、薄绸等。例如，糊蜻蜓风筝用绢，因为绢比纸的透明度好，更像活蜻蜓的翅膀；糊龙青鱼风筝尾部用绸，因为放飞时绸会迎风抖动，肖似鱼尾；糊鹰不能用绢，因为绢被风吹得抖动时就不像在空中打旋的鹰了，要用皮纸或托裱了的防风纸。糊风筝时，要先比照着架子剪纸，纸比架子大一些，边缘部分剪开一些口子，在边缘涂糨糊后，依次把剪开的边缘糊在纸条上。糊法有两种：一是把纸包贴在竹条的四个面上，此法叫“包边儿”；二是把纸包贴在竹条的两个面上，待糨糊干了之后，用刀把多余的纸裁下来，这种方法叫“裁边儿”。各种风筝的具体糊法也各不相同，例如沙燕风筝先糊两膀，再糊两腿，最后糊头、腹；拍子风筝要用平贴法糊制等。

绘。风筝的构图与设色最能体现地方特色。潍坊风筝上的画，一部分是由专业画家画成，一部分是由民间艺人画成。专业画家一般会画一些人物和历史故事，其特点是构图严谨、线条流畅、画面清新、色调雅致，如潍坊工美“城派”风筝的工笔画便是其中的代表。如潍坊“城派”风筝艺人康万香绘制的龙头蜈蚣风筝，以普蓝为主，同时以红或橘红的暖色使整个风筝形象鲜明，风筝腾空之后，与蔚蓝的天空形成和谐而鲜活的视觉效果。民间艺人大都吸收潍坊寒亭区杨家埠木版年画的特点，画面多为吉祥欢乐的内容，构图饱满，线条粗犷，色彩以红、黄、蓝三色为基础色，重笔浓抹，色调明快、浑朴。

放。放风筝的工具有线、绕线工具和供游戏用的各种附加物。放风筝的线有“缝衣线”（适合放小风筝）、“小线”（三股棉线，民间最常用的风筝线）、“衣线”（真丝线，细的叫“丝线”，粗的叫“丝绳”）、“麻线”（从前民间用其放大风筝）等。绕线工具一般是“线桄子”，这是一种穿在轴柄上的六角线线轴，可以自由地旋转放线。如果放大风筝，则要用“线拐子”，放更大的则要用“绞车”。

潍坊风筝制作四艺

扎

糊

绘

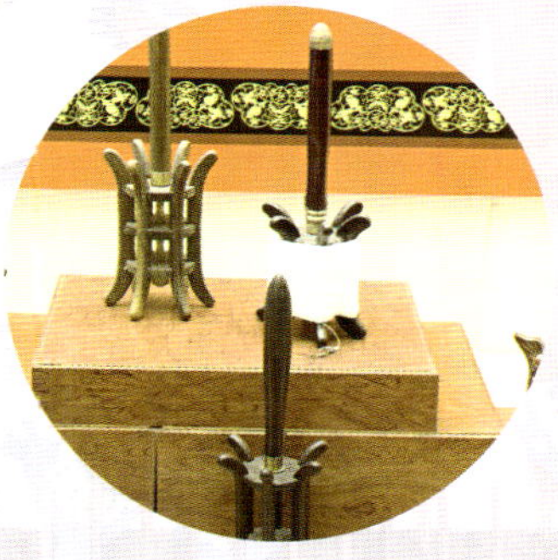

放

潍坊风筝工艺流程图

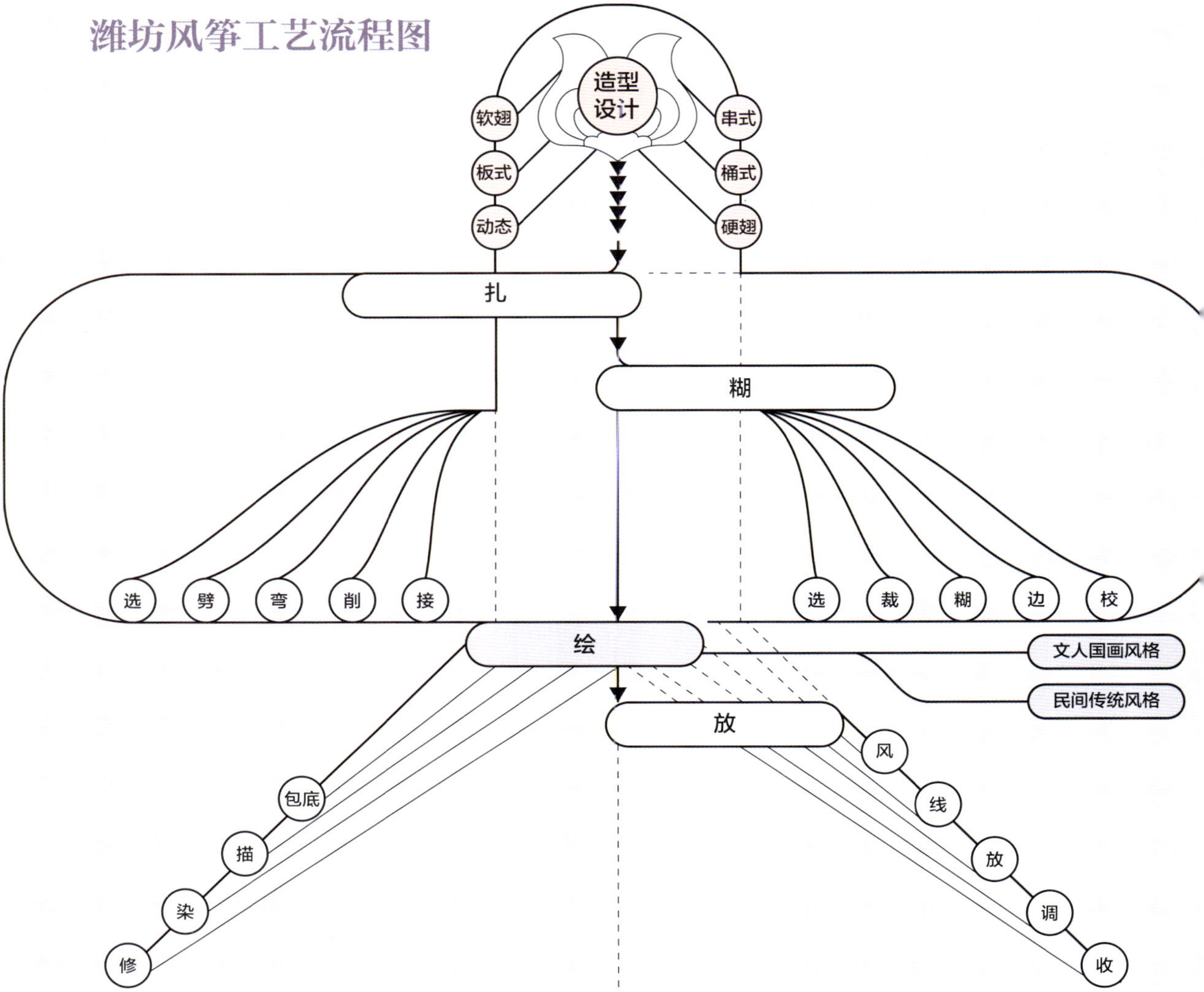

潍坊风筝世家

陈家风筝　**陈善庭**

1822—1874年

同治年间有名的风筝艺人，他的风筝作品以浓郁的生活气息和传统风格见长。他的风筝，结构坚固，骨架轻盈，外形美观，深得人们喜爱，人称“陈扎彩”。至今民间仍存有他的“雷震子”和“仙鹤童子”等风筝画稿

张家风筝　**张衍禄**

1899—1988年

熟知风筝典故和放飞原理，且善于讲解，深得艺人好评。他运用力学原理，发展了拴中线技术，利用两根线和三根线，使各种风筝放飞时保持平衡状态，这一技术为风筝各家所采用

唐家风筝　**唐洪飞**

1874—1934年

起源于明末，以硬翅人物风筝居多。第三代传人唐洪飞、唐洪亮兄弟，一个善扎一个善画，制作的风筝扎绘并重，色彩浓艳，雅俗共赏。第四代传人唐延寿继承他们的风格，并加以发展创新，尤以象形风筝见长。他创作的“双燕”风筝，采用写实手法，逼真地表现了燕子的形象特征

“牟丹”风筝　**牟丹**

1854—1914年

原名牟秀兰，是风筝世家中唯一的女丹青高手和艺人。善画工，与父亲合作制作的八百对判官风筝，在潍坊盛极一时。代表作是桶式风筝，彩绘牡丹是她的拿手好戏，因此人们送她一个绰号：“牟丹”

杨家埠风筝艺人及主要作品

杨同来
1911—1972年
人物、鸟、宫灯、燕子

杨同喜
1887—1957年
人物、鸟，以“哪吒闹海”“八仙过海”出名

杨其云
1904—1977年
人物、蝴蝶、燕子

杨其林
1887—1957年
风筝专业生产大户

杨连臣
1920—
蝴蝶

杨同科
1902—1996年
扎糊绘画俱佳，被誉为“风筝王”

杨连坤
1894—1964年
人物、仙鹤、蜈蚣、鹰

杨佃君
1846—1927年
人物、蝶、鹰、灯、鱼、燕子

杨其恩
1900—1959年
人物、鸟、灯、蝴蝶

杨振胜
1874—1955年
人物、蝴蝶

杨镇山
1895—1928年
人物、蝴蝶、仙鹤、蜈蚣

杨其民
1941—
善于把年画和风筝糅合

张效东
1949—
以多功能风筝出名

杨勇
1965—
人物、鸟、鹰等，继承祖辈“得胜昌”的扎制技艺

杨红卫
1966—
代表作为“百子成龙”

王永训
1972—
人物、燕子、鹰、蝶、广告风筝，擅做参赛风筝

杨家埠艺人擅长制作硬翅风筝，造型以人物、蝴蝶及燕子风筝为主，技艺的传承多是父子相继、口传心授

郭家风筝

郭乃馨
1903—1978年
国画高手，擅长人物画，尤其是画历史人物。他的风筝绘画，采用国画的工笔技法，绘画中尤注重“白描与点染结合，工笔与写意结合，重彩与泼墨结合”，使潍坊风筝由放飞娱乐品发展成了装饰艺术品

胡家风筝

胡敬珠
1863—1964年
擅长串式龙头蜈蚣风筝。龙头造型多样，选料及制作程序严格，腰节的用料、大小、厚薄都十分讲究

韩家风筝

韩连溪
擅长飞机风筝，采用平面造型、大色块绘画，简单逼真，深得儿童喜爱。他的风筝具有写意画风格，在传统彩绘的基础上增加了一些现代的色彩图案。代表作有“八仙过海”“苏武牧羊”等

孙家风筝

孙永春
1924–1995年
擅长串式风筝，作品取材广泛、造型生动、色彩绚丽。代表作有“龙头蜈蚣”“金翅大鹏”等，他第一个采用了立体与平板式、软翅与硬翅相结合的方法扎制大型风筝

杨家风筝

杨万善
1911—1979年
制作的风筝多是象形类，以板子、桶子为主。创新和发展了“潍坊风筝碰”技艺，其风筝扎工好、功夫深，尤其是风筝骨架，要求严格，竹子刮得平滑、无毛刺，凡是弯曲的部位，很难看出经火烤的痕迹，深受群众欢迎，称他的风筝为“万善风筝”

康家风筝

康万香
1899—1964年
以龙串风筝见长，从他扎的龙头蜈蚣风筝的造型色彩，即可见民间风筝大色块、重彩的功夫，他的风筝又有潍坊风筝国画的写实风格，被称为“康派”。他的技艺被其子康宝忠继承

杨家埠木版年画

年画是一种承载着人民大众对美好生活憧憬的民间艺术表现形式。它不仅是节日的装饰品，还具有重要的文化价值，是反映中国民间社会生活的重要载体。年画起源于汉代，发展于唐宋，盛行于明清。全国现有年画产地数十个，其中四川绵竹、江苏桃花坞、天津杨柳青和山东潍坊杨家埠被誉为“年画四大家”。

杨家埠木版年画是诞生于潍坊本地的传统民间版画。它兴起于明洪武年间，当时已初具工艺基础。后经杨家埠先人的传承与发展，明隆庆二年（1568 年）以后形成规模。清乾隆年间，是木版年画发展的繁荣时期。清咸丰年间，杨家埠年画达到辉煌期，有画店百家，画种上千，年画产品行销大半个中国。清末民初，木版年画开始革新。

中华人民共和国成立后，不少专业美术工作者参与到杨家埠年画的创作中，他们在传统工艺的基础上融合了现代制作方法，使杨家埠年画得到提高、升华，并对其进行重新挖掘、整理，不断创新，创作出了大量品质优良的新画。

年画传人

杨家埠木版年画制作工艺

朽稿

用柳枝木炭条、香灰作画，名为『朽稿』

线稿

在朽稿基础上完成正稿，描出线稿

雕刻

将线稿反贴在梨木版上供雕刻，分别雕出线版和色版

雕刻画版

发展历史

明

洪武年间

杨家埠木版年画已初具工艺基础

1568

隆庆年间

杨家埠先人先后创立了恒顺、同顺堂、万曾城、天和永四家画店

1640

崇祯十三年

建成「吉兴号」年画作坊，房屋十一间，面积近二百四十平方米，至今保存完好

清

明末清初

靠年画业发展的画店有同顺堂、吉兴、太和、公茂、恒顺等。明末，因战乱遭到破坏

清初

年画得以恢复和发展。又有万顺、公义、公泰、永盛等三十余家画店大量进行年画生产

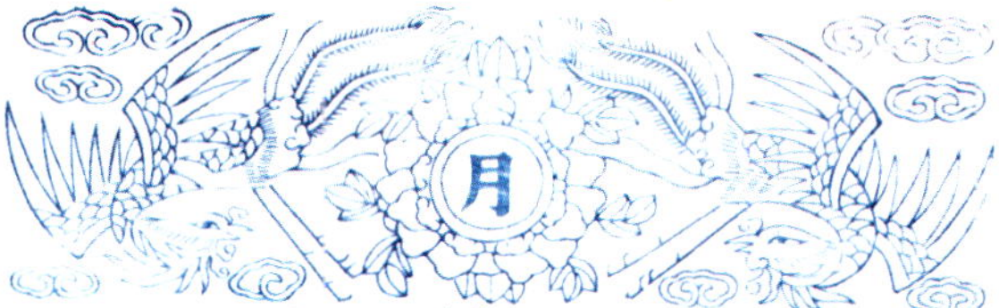

手工补绘

年画印出来后，还要再手工补点上各种颜色进行简单描绘，使年画显得自然生动，最后修版装裱

手工印刷

经过调色、夹纸、兑版、处理跑色等，进行手工印刷

1760

中华人民共和国成立后，因战乱而一度萧条的杨家埠木版年画重新焕发了生机。二〇〇六年，杨家埠木版年画被列入《第一批国家级非物质文化遗产名录》

中华人民共和国

清末民初

木版年画开始「以变图存」的革新。大顺画店的杨九经代表革新者的要求，创立了东大顺画店

咸丰至光绪年间

杨家埠年画达到辉煌期。清咸丰十一年（一八六一年），西杨家埠画店发展到六十多家，东杨家埠出现「永顺」「公盛」等画店。清同治初年至光绪末年（一八六二年至一九〇八年），西杨家埠画店已达一百多家

乾隆年间

是木版年画商品化发展的繁荣时期。乾隆二十五年（一七六〇年），公茂画店又分出「大顺」和「公兴」画店。在此后一个半世纪里，杨家埠年画以品种多、规模大、销售范围广而与天津杨柳青、苏州桃花坞年画三足鼎立，成为名噪一时的中国民间三大画市。此时画店频开，仅西杨家埠由杨氏一家开设的画店就有八十二家

题材内容

杨家埠木版年画按张贴位置可以分为门神画类、炕头画类、窗帘画类、中堂画类、实用年画类、条屏画类等；按题材分类，有祈福迎祥年画、辟邪保安年画、吉祥年画、风俗年画、生产劳动题材年画、小说戏曲和神话传说年画、山水花卉年画、珍禽瑞兽年画、时事幽默年画、百戏娱乐年画等。

起初，杨家埠民间木版年画题材比较局限。为迎合民间信仰的需求，以刻印神像年画为主，主要绘制《灶王》《门神》《菩萨》《玉皇》等；一部分取法于宗教木刻画，如《三代宗亲》《神荼郁垒门神》等；一部分取法于小说、戏曲、科技书籍插图，如《民子山》《男十忙》《二月二》等。

杨家埠木版年画《男十忙》

清代前期，年画品种增加，绘刻技术更加成熟，产生了大量如《张仙射狗》《年年有鱼》《刘海戏金蟾》《博古四条屏》等绘刻稳健、具有节奏感的优秀作品。年画的题材空前扩大，祈福迎祥、消灾除祸的神像画更加齐全。年画的形式开始分为大门画、屋门画、炕头画等类别。

清末，年画艺人不再墨守成规，开始创新。新创的年画，有的以戏曲故事与公案小说为题材，如《打樱桃》《空城计》《打渔杀家》等；有的是"发福生财"的吉庆画，如《发财还家，五路进财》《摇钱树》《大春牛》《三大家》《鹿鹤同春》《榴开百子》《五福捧寿》等，这些作品给劳动人民带来了精神上的寄托和安慰。

民国初年，具有创新精神的画师打破陈规，借鉴其他绘画形式，创作了《四季花鸟》《八仙条屏》等，线条顿挫有致，画面生动活泼。他们还吸收了国画的笔墨情趣，用单一的墨色，分为几次印刷，印成"墨货"，如《山水四条屏》，古朴典雅，一年四季均能销售。

中华人民共和国成立后，民间艺人创作了大批的年画作品，如《水浒传》《帝王图》《西游记》等，无不构图奇妙、雕刻精细、栩栩如生，且乡土气息浓郁。

艺术特点

杨家埠木版年画反映了传统农民的思想意识、风俗信仰、审美情趣与生活需要，并逐步发展完善，形成了自己古朴雅拙、简明鲜艳的艺术特点。它植根于民间，装饰于节日，长期以来起着丰富人民精神生活、反映人民美好愿望、美化节日环境的作用。它不受自然的约束，具有丰富的想象力，常以象征和浪漫主义的手法表现主题，构图完整、饱满、匀称，造型夸张、简练、粗犷、朴实。

古琴艺术（诸城派）

诸城派古琴，亦称“山东诸城派古琴”或“琅邪派古琴”，2008 年 11 月被联合国教科文组织列入人类非物质文化遗产代表作名录。

诸城古琴传承

诸城人演奏古琴的历史悠久。相传，上古虞舜即善抚琴，并作名曲《南风歌》《思亲操》。19 世纪以来，诸城古琴名家辈出。经过几代琴家不断探索、交流和发展，于 19 世纪中叶，形成了一个具有诸城琴派特点、风格、技巧、代表人物及特有曲目传谱的古琴学派，成为有较大影响的主要琴派之一。

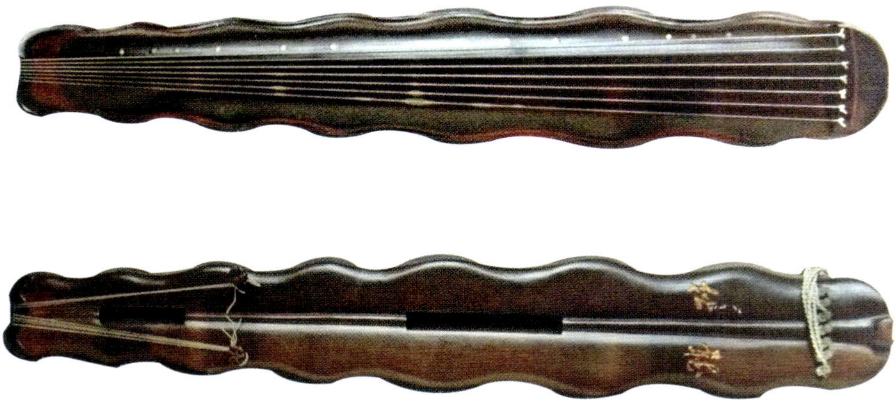

王心葵制蕉叶琴

诸城琴派主要代表人物有王溥长（字既甫）、王雩门（字冷泉）、王作祯（字心源）、王宾鲁（字燕卿）、王露（字心葵），人称“诸城琴史五杰”。诸城琴谱版本繁多，除留在大陆的多个版本外，还有中国香港版本、中国台湾版本及译成英文的美国版本等。主要琴谱有《琴谱正律》《桐荫山馆琴谱》《玉鹤轩琴谱》《梅庵琴谱》等。独有曲操有《长门怨》《秋风词》《关山月》等。

诸城派古琴最早的琴家当属清嘉庆年间历城的毛式郇，其手稿

《龙吟馆琴谱》抄录的 8 首曲目为诸城派之祖谱。19 世纪前期，王溥长、王雩门是诸城有较大影响的两位古琴家。这两位古琴家弹奏的曲子除《长门怨》外，其他都不相同。王溥长弹奏的曲子源于《桐荫山馆琴谱》，王雩门所弹之曲出于《五知斋琴谱》。

19 世纪后半期，王溥长之子王作祯的琴艺超越其父，和王雩门被称为琴坛“诸城二王”。王作祯的表弟王露师从王作祯学琴，与王作祯、王雩门并称“诸城三王”（亦称“琅邪三王”）。清宣统三年（1911 年），王雩门嫡传弟子王宾鲁被聘为南京高等师范学校古琴导师；1919 年，王露任北京大学古琴导师。诸城派古琴进高校，推动了诸城古琴传向全国。

20 世纪后半期，诸城古琴在诸城本地曾一度传承乏人，甚至销声匿迹。进入 21 世纪以来，诸城古琴重新得到了人们的高度重视。2006 年 5 月，诸城市邀请王宾鲁的再传弟子、安徽梅庵琴社古琴大师刘赤城率弟子到诸城，隆重组织举办了“百年诸城琴派还家——刘赤城大师古琴音乐会”，重新激起了人们对诸城古琴的记忆。

2006 年 8 月，诸城市批准成立诸城古琴研究中心，组织开展了一系列的挖掘、宣传、传承活动。多所学校开设了诸城古琴课，业余爱好者组织成立了琴社，赏琴、学琴蔚然成风。诸城古琴在一度沉寂之后，走上了新的发展之路，获得了新生。

2018 年大舜文化节上演的古琴音乐剧《听琴》剧照

民间艺术瑰宝

潍坊是历史上著名的手工业之乡，明清之际就以“二百只红炉，三千铜铁匠，九千绣花女，十万织布机”闻名遐迩，清乾隆年间更有“南苏州、北潍县”的美誉。

潍坊民间工艺辉煌的奥秘，一是历代名人的影响，如范仲淹、苏东坡、刘墉、郑板桥等。他们在潍坊与南北经济文化交流的过程中曾起到了重要的作用，极大地促进了潍坊民间工艺的发展。另外，潍坊的“书画美术”和“民间工艺”结成了姊妹关系，相得益彰。

在琳琅满目的潍坊民间工艺品中，高密扑灰年画、剪纸和聂家庄泥塑，堪称民间艺术“三绝”；精湛的嵌银、仿古铜、铜印、核雕、灯彩等工艺巧夺天工；题材广泛的潍坊布玩具，风格独特，畅销不衰；传统的刺绣、草编、花边等各具特色，影响深远。

中华人民共和国成立以来，潍坊风筝、木版年画、嵌银、仿古铜、核雕、拓片、刺绣、布玩具、地毯等工艺品，曾经多次获原轻工业部（现为中国轻工业联合会）和国家工艺美术行业的百花奖、国家金银牌，并多次作为国家领导人的出访礼品；潍坊市工艺美术界的老艺人也多次随国家代表团出访交流，并屡获国际大奖。

同时，潍坊的民间工艺也在与时俱进。在品种和技艺方面，各种民间工艺相互借鉴、模仿、嫁接、延伸，拥有了极强的开发能力，如借鉴仿古铜的嵌金嵌银技术，把嵌银嫁接延伸到硬木家具上；刺绣珍品借鉴了板桥拓片、仿古铜图案；风筝的动物画面，借鉴了木版年画的色彩效果，因此说“挂在墙上是年画，飘在天上是风筝”；仿古铜的设计，采用 3D−MAX 技术，代替了传统的胎模小样设计工艺，达到设计“随心所欲”、产品愈加逼真的效果。

高密剪纸

潍坊市手工艺分布示意图

寿光市：
草编
葫芦雕刻
剪纸
草柳编
传拓
木杆秤制作
龙灯扎制
土陶制作
方吕鸟笼制作

青州市：
花边大套
红丝砚制作
石雕
云门陈酿
根雕
井塘村石砌房民居建筑
烙画
农民画
木雕
装裱修复
土陶制作
黑陶制作
盆景
剪刀制作

昌：
梦金园金首饰制作技艺
昌乐石雕石刻
烙画
太公香
阎氏铜器铸刻
阳纹彩绘嵌银
传拓
宝石雕刻
昌乐剪纸
核雕
木雕
泥面塑
葫芦艺术
鄌郚笤帚

临朐县：
手绘年画
红丝砚制作
木雕
石雕
白酒酿造

景芝酒酿造
黑陶制作
骨雕
玛瑙雕刻
羽毛画
布艺盘扣
院庄风箱制作
面塑
盛氏木杆秤制作

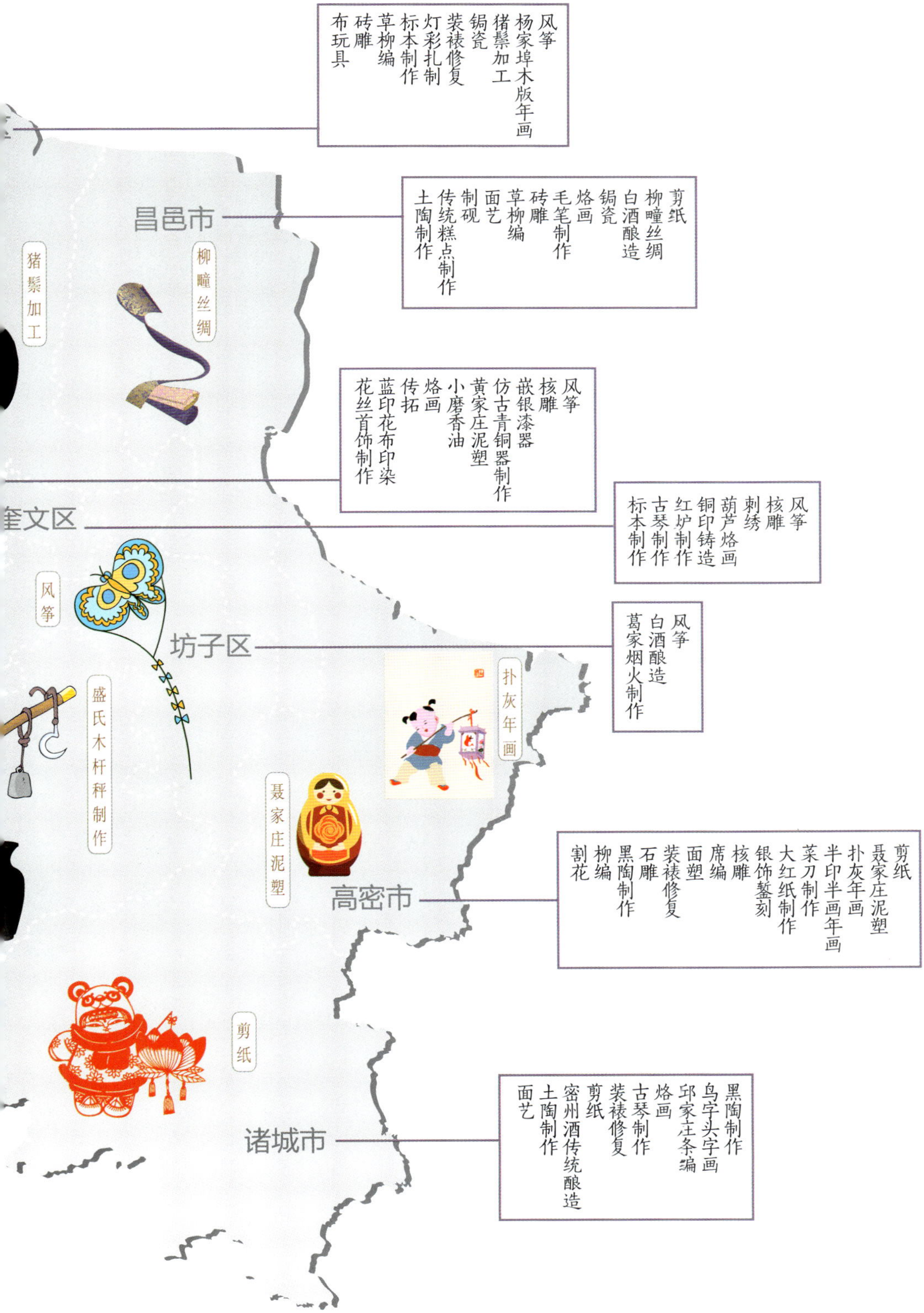
风筝
杨家埠木版年画
猪鬃加工
锔瓷
装裱修复
灯彩扎制
标本制作
草柳编
砖雕
布玩具
昌邑市
剪纸
柳疃丝绸
白酒酿造
锔瓷
烙画
毛笔制作
砖雕
草柳编
面艺
制砚
传统糕点制作
土陶制作
猪鬃加工
柳疃丝绸
风筝
核雕
嵌银漆器
仿古青铜器制作
黄家庄泥塑
小磨香油
烙画
传拓
蓝印花布印染
花丝首饰制作
奎文区
风筝
核雕
刺绣
葫芦烙画
铜印铸造
红炉制作
古琴制作
标本制作
风筝
坊子区
风筝
白酒酿造
葛家烟火制作
盛氏木杆秤制作
扑灰年画
聂家庄泥塑
高密市
剪纸
聂家庄泥塑
扑灰年画
半印半画年画
菜刀制作
大红纸制作
银饰錾刻
核雕
席编
面塑
装裱修复
石雕
黑陶制作
柳编
割花
剪纸
诸城市
黑陶制作
乌字头字画
邱家庄条编
烙画
古琴制作
装裱修复
剪纸
密州酒传统酿造
土陶制作
面艺

红木嵌银

红木嵌银是发源于潍坊、具有潍坊本土文化特征的一种手工艺。

早在清康熙年间，就有工匠们比照古代青铜器的“金银错”工艺，在一些铜器上镶嵌金银丝花纹，这就是最初的潍坊嵌银制品。时至道光年间，铜首饰艺人姚学乾为金石家陈介祺修复文物，在为古玩配置底座、撑架的过程中，与拓裱艺人田雨帆一起，通过参考古代金银错工艺，独创出在木制器具上镶嵌金银丝的工艺。到光绪年间，嵌银漆器在潍坊已经非常普遍，品种也从文物底座、撑架扩大到各种工艺品乃至家具。

民国时期，嵌银漆器产业蓬勃发展，至抗日战争前夕，潍坊嵌银工艺发展到鼎盛时期，当时的潍坊嵌银漆器已远销国外。抗日战争开始后，嵌银工艺才逐渐衰落。

中华人民共和国成立以后，曾因战乱一度萧条的潍坊嵌银漆器获

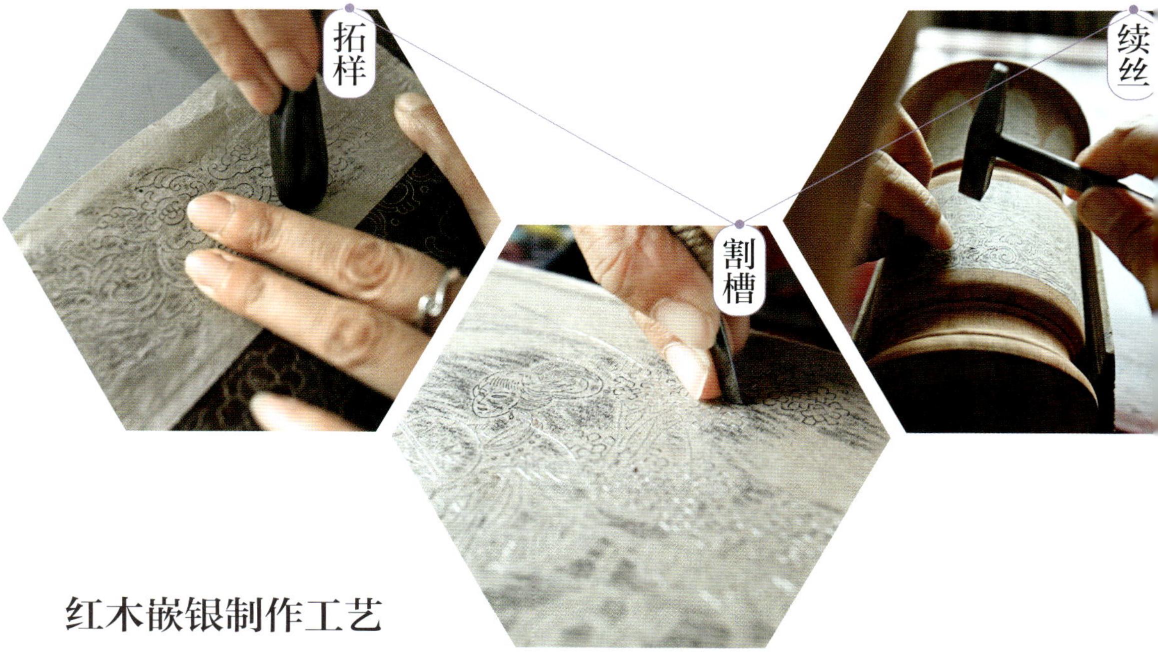

红木嵌银制作工艺

得了新的发展机遇。在继承前人镶嵌手法的基础上，又发明出粗细丝配嵌、金银丝配嵌、砸尖等嵌法，并使嵌银品种发展到 100 多种、1000 多个花色，涵盖各个类别。嵌银漆器畅销国内外，并荣获原轻工业部（现为中国轻工业联合会）颁发的多项大奖。

嵌银漆器的制作流程是将金、银等材料拔成粗细不一的丝条，在器物上雕出山水、花卉、人物、鸟兽或真、草、隶、篆等各体字句，再将金属丝条嵌入、砸实，最后漆以数遍生漆推光而成。由于嵌银漆器所使用的木料为红木，因此，“嵌银漆器”也被称作“红木嵌银漆器”。

红木嵌银漆器将金、银、木、漆等融为一体，是绘画、雕刻与镶嵌艺术的完美结合。嵌银之后的漆器不仅色泽明亮、古朴大方、庄重浑厚、华丽雅致，而且具有耐腐蚀、耐酸、抗碱的优点。除具有实用和观赏价值外，还具有浓郁的民族风格和地方特色。

清代潍坊红木嵌银作品：童子骑牛

泥塑（聂家庄泥塑）

聂家庄泥塑的起源可以追溯到明万历初年山东高密聂家庄一户穷苦艺人所捏的“锅子花”（一种泥巴做外皮，中间装火药，顶部留有小孔的烟花），距今已有400多年历史。从明万历初年到清康熙末年，经民间艺人的世代相传，锅子花已逐渐转变为泥做的鸟、兽、虫、鱼、娃娃等家庭观赏品和供儿童玩耍的玩具。后来，又有了专供欣赏的“条子人”，如仕女、戏曲人物等。清嘉庆年间，聂家庄泥塑进入全盛期。毫无生气的“呆”玩具这时已经会动、会叫、会逗趣儿，而声形并茂的泥塑“叫虎”“叫狮”“叫猴”“叫鸡”等也在这个时期出现了。当时在聂家庄流传着“孩子哭，找他妈，他妈买个泥娃娃，逗得孩子乐哈哈”的民谣，可见当时泥塑受欢迎的程度。20世纪50年代初，聂家庄泥塑发展到50多个品种，行销全国。2012年，聂家庄泥塑被公布为国家级非物质文化遗产。

经过数百年的传承，如今的聂家庄泥塑已成为高密民间艺术的代表，与扑灰年画、剪纸、茂腔并称为“高密四宝”。泥塑创作也在原有的基础上进行了大胆改进和创新，泥塑品种大大增加，新型泥塑不仅造型美观大方，色彩搭配协调，在艺术风格上更是达到了新的高度。有竖眉瞪眼的“叫虎”、古怪灵巧的“摇猴”、威武喜气的“坐狮”，也有“仕女”“罗汉”“牧童”“花姑”等传统作品，一个个惟妙惟肖。它们或静或动，能逗趣儿、能发声，雅拙中透出精巧，憨朴中显着灵秀，让人一见倾心，爱不释手。

泥塑看起来漂亮，制作起来却比较复杂。一只最普通的泥老虎需要10道工序，不仅对土和制成的坯有要求，对绘画的技术、颜色的选择也都很讲究。刷完粉子之后的泥老虎坯先上哪种色，后上哪种色，都有严格的规定。个头小的可能需要上五六遍颜色，30 厘米的就要上 10 遍颜色，个头再大的为了保证好看，颜色就要更加丰富，基本上拿起、放下的动作要重复七八十遍。

随着时代的变迁，很多泥塑制作手艺已经濒临失传。为了保护这些手艺，高密对泥塑文化进行全方位的挖掘、整理，并在传统技艺的基础上加入新的元素。现在，除了每年根据不同的生肖制作不同的动物泥塑之外，聂家庄泥塑还增加了古代人物泥塑，如“红楼梦”“八仙”“十二金钗”等。

聂家庄泥塑“叫虎”

核雕（潍坊核雕）

核雕是中国传统的民间微型雕刻工艺，材料一般采用桃核、杏核、橄榄核等果核及核桃等。潍坊核雕以桃核为材料，巧妙利用核胚上纵横无序、深浅不定的纹理，雕刻出栩栩如生的景物或人物等造型，形成了古拙、精细、玲珑的艺术特点。

清朝末年，潍坊诸城县有一位著名的核雕艺人，绰号叫张大眼。他从京城流浪到山东诸城，以卖艺为生。潍县人都渭南到诸城贩卖皮货，结识了张大眼。他看到张的雕刻后甚为惊奇，并深深地喜爱上了这门技

核雕，方寸之间，刀法细腻

艺，于是拜其为师，潜心学习核雕手艺。后来都渭南又将这门手艺传给了儿子都兰桂。都兰桂勤于钻研，不到20岁技艺已超过父亲。小小桃核，分厘之地，经都兰桂运筹布局后，各种自然纹理、麻点，都能得到合理利用。他因材施艺，雕刻的人物、动物、山水、花卉、车马、舟船等惟妙惟肖。其作品布局严谨，刀法细腻，形象逼真，有一种融天地万物于方寸之间的大气势。他30多岁时雕刻的《马拉轿车》参加了1915年巴拿马万国博览会，获得了最优等奖牌，潍坊核雕从此名扬中外。

当我们细细品味一件件核雕艺术品时，一定会为它那“方寸之内，气象万千，天地虽小，意境无穷”的艺术感染力所憾，它是微雕艺术中的骄傲，也是潍坊民间艺术中最为绚丽的花朵之一。

高密扑灰年画

高密扑灰年画是我国独有的年画画种，仅存于山东高密一地，被誉为“中国一绝”。它起源于元末明初，是在文人画与庙宇壁画基础上发展起来的民间写意年画。经过几百年的发展，形成了独特的艺术感染力和粗狂、豪放、率真的美学特征，反映了民间巨大的创造力、审美观和对未来生活的向往追求。2006年5月，被列入第一批国家级非物质文化遗产名录。

所谓“扑灰”年画，即根据所构思的题材内容，打好腹稿，使用柳枝烧成的炭条画出轮廓，然后拿画纸在上面扑抹，一稿可扑数张。扑灰起稿之后，即开始手绘，先是平面涂色，而后勾画轮廓，经“大涮狂涂”“细心巧画”“描子勾拉”“粉脸”“涮手”“赋彩”“开眉眼”“勾线”“涮花”“磕咸菜花”“描金”“涂明油”等一整套工序，即制作出一张漂亮的扑灰年画。

早期的扑灰年画以水墨为主，从清代道光年间逐步发展为以色代墨，并趋向艳丽。由于大笔纵横，自由挥洒，整套工序都带有“抹”的味道，故艺人们称其为“抹画子”。扑灰年画的题材大都表现喜庆的气氛，很适于民户节日张贴。

高密扑灰年画国家级非物质文化遗产传承人吕蓁立

高密剪纸

高密剪纸历史悠久，取材广泛，风格独特，是中国剪纸百花园中的一朵奇葩。在普及于全国的剪纸艺术中，高密剪纸称“绝”，主要取决于它所表现的题材和艺术风格的别样。

据记载，明洪武初年，朱元璋颁旨移民，大批江南、江北的人民迁于高密。南北文化的相互影响、渗透，使得高密剪纸融江南剪纸之纤巧和江北剪纸之粗犷于一体，逐步形成了自己独特的风格。高密剪纸在艺术上运用了对立统一的手法，块与线组成黑、白、灰色调，相互衬托，对比强烈，富有韵律感；线条刚劲挺拔，有金石味；造型稚拙、粗犷而

高密剪纸

不呆板，夸张变形而不失真。所剪事物粗犷中见清秀，拙扑中藏精巧，玲珑剔透，纯朴可爱。尤其动物剪纸，构思浪漫而不浮夸，造型严谨而不拘泥，动作神态若似活物跃然纸上。在五谷庄稼、生肖胖娃、猪马牛羊、鸡犬鹅鸭、牡丹鸳鸯等作品中，寄托了作者和人们的美好愿望。

高密剪纸的题材以广泛著称，凡与人的日常生活密切相关的，从自然界的飞禽走兽到古代的神话传说，还有流传千古的历史故事、文学人物和情节均进入了剪纸艺术的视角。其从构思到技法，从内容到形式，充分体现了中国古代美学形神兼备、以神为主、形意结合的特征，酷似中国画中的大写意。

高密的剪纸艺人遍及千家万户，剪出的作品《十二生肖》《老鼠娶亲》《红楼十二金钗》《梁山一百单八将》《百牛图》《八仙过海》等作品，取材广泛，技法灵巧，想象力丰富，令人叹为观止。农家女齐秀花的剪纸《金牛奋蹄》被作为1997年生肖特种纪念邮票图案。近年来，高密先后有30多位剪纸艺人应邀到日本、瑞士、法国以及港澳台等20多个国家和地区表演，被誉为“中国魔剪”。其作品已被20多个国家和地区及国内诸多民间艺术爱好者所收藏，受到越来越多的海内外人士的青睐。

高密茂腔

茂腔是流行于潍坊、青岛、日照等地的地方戏曲，它最初是民间哼唱的小调，传说因有一周姓尼姑演唱而得名“周姑调”，又有民间艺人肘悬小鼓拍击节奏演唱而得名“肘鼓子”之说。大约在清道光年间已广泛流传于山东半岛一带。

高密茂腔是高密市的传统戏曲剧种之一。以曲调质朴自然，唱腔委婉柔怨，生活气息浓郁，通俗易懂，委婉动听为特色，颇有“一声直入青云去，多少悲欢起此时”之妙，深受群众喜爱，被誉为“胶东之花”，俗称“拴老婆橛子戏”，在广大农村有深厚的群众基础。

高密茂腔剧团自新中国初期成立至今，一直致力于茂腔的发展、改革、创新。党的十一届三中全会以来，一大批优秀传统剧目重新出台，茂腔又一次焕发勃勃生机。剧团以“出新人、出新戏、提高艺术生产能力”作为深化剧团改革的指导思想，注重在树人方面下功夫，以保证茂腔事业后继有人；在艺术实践中开创“以戏带人、以人带戏”的创新探索，取得了明显的效果。

20 世纪 90 年代以来，高密茂腔剧团以《盼儿记》晋京演出获得巨大成功为起点，深化改革、开拓创新，连年创作排演了《根的呼唤》《焦裕禄》《瓜园情》《公仆颂》等反映时代强音的茂腔现代戏，其中《根的呼唤》一剧获山东省精神文明建设“精品工程”奖，并于 1994 年荣获曹禺戏剧文学奖提名奖，使得剧团在茂腔界异军突起，成果斐然，一大批青年演（奏）员脱颖而出，并屡次在山东省、潍坊市戏曲演员大奖赛中获得大奖。2006 年 5 月，高密茂腔被国务院列为第一批国家级非物质文化遗产名录。

高密籍著名作家、诺贝尔文学奖获得者莫言曾说过，一听到熟悉的家乡戏那哀婉凄切的调子，就禁不住热泪盈眶。莫言的创作也从高密茂腔中汲取了丰富的营养，其名作《檀香刑》更是讲述了茂腔戏班的故事，并把茂腔唱词融入其中，呈现出独特的艺术特点。

茂腔剧照

节庆民俗

潍坊国际风筝会——飞向世界的翅膀

鲁台经贸洽谈会——一脉承两岸　两岸共发展

中国画节·文展会——艺术盛宴

中国（寿光）国际蔬菜科技博览会
——演绎绿色传奇

中国（青州）花卉博览交易会
——以花为媒共图发展

中国（高密）红高粱文化节——打造文学高地

北方（昌邑）绿化苗木博览会
——奏响绿色篇章

中国（昌乐）国际宝石博览会
——璀璨永恒『中国蓝』

羊口祭海节——流传数百年的海域民俗

潍坊国际风筝会
——飞向世界的翅膀

春暖花开之际，草长莺飞之时，阳光和煦，微风徐来，绚丽多彩的风筝在空中飘舞。如果身临其境，更能体会到潍坊是一座风筝“居住”的城市。

在潍坊，清明时节放风筝是民间最受欢迎的娱乐和体育活动之一。这一习俗历史悠久，在民间广泛流传。它像是人们为迎接春天到来时所举行的一场盛大仪式，洋溢着喜庆、吉祥之意。此外，放风筝对潍坊人来说还有着另外一种意义：清明节这一天，要将风筝放得又高又远，然后割断风筝线，任风筝随风飘远，这在古时称之为“放郁”，即把一年来积下的“郁闷之气”全部释放出去。后来，随着时间的推移，清明时

潍坊国际风筝会

节放风筝的习俗逐渐成为一种正式的节庆活动——风筝会。

20 世纪 30 年代，潍坊曾举办过 3 次风筝会。中华人民共和国成立后，特别是改革开放以后，潍坊风筝会焕发出勃勃生机。1984 年，潍坊市成立风筝协会，以传统民俗文化为基础的潍坊国际风筝会也在改革开放的大潮中应运而生。首届潍坊国际风筝会取得圆满成功后，潍坊风筝一飞冲天，栉风沐雨，砥砺翱翔，带着潍坊人的光荣与梦想越飞越高。风筝会逐渐发展成为具有国际影响力的重要节会品牌，成为潍坊展示发展成果、带动区域经济发展、加强对外交流的重要窗口。

一张专属潍坊的名片

1988 年，在第五届潍坊国际风筝会期间，潍坊被确定为“世界风筝都”，收获了世界风筝文化领域一块沉甸甸的“金牌”。从此，“鸢都”的名号声名鹊起，妇孺皆知。

1989 年，国际风筝联合会在潍坊成立，并将总部设在潍坊，这标志着潍坊成为世界风筝文化交流传播的中心。同年，潍坊世界风筝博物馆正式对外开放，其融古今风筝、中外风筝于一室，是全球最大的风筝博物馆。

近年来，随着潍坊国际风筝会的举办，潍坊风筝取得了傲人的发展成绩。潍坊风筝以用材讲究、造型优美、绘画精致、品种繁多、飞行平稳等优点享誉世界，风筝及衍生产品的国际市场占有率已过半。潍坊风筝在世界风筝中占有中心地位。

国际风筝会对潍坊市的城市建设、市民文化生活、企业品牌打造等起到了重要促进作用，古老的文化名城因此焕然一新，以生机勃勃的姿态屹立于世界名城之林。通过风筝和风筝会，潍坊仿佛插上了一双飞向世界的翅膀，找到了一个让世界了解自己的坐标。风筝已经是潍坊的一张精美名片，时时向世界展示着潍坊的实力与魅力。

一个对外开放的平台

当年的潍坊国际风筝会是一枝独秀，现在的潍坊会展经济已经是百花齐放、硕果累累。通过国际风筝会的举办，潍坊已与70多个国家建立文化交流关系，与110多个国家和地区建立了经贸关系。风筝会成为潍坊市对外经济文化交流合作的高端平台和富有传统文化特色的国际盛会，在推动经济社会实现高质量新发展上发挥了重要作用。

风筝会已成为全国举办最早、坚持时间最长、社会经济效益最好、获得重大荣誉最多的极少数国际性、综合性重大节会之一，在全国率先开创了“风筝牵线，文体搭台，经贸唱戏”的办会宗旨。一种形式（风筝会）四种结合（文化、体育、旅游、经济），以及“政府主办，市场运作，社会参与”的办会方针，被全国许多城市效仿和借鉴。

一场滋养内涵的盛宴

潍坊国际风筝会给潍坊带来了巨大的社会效益和经济效益，提升了世界风筝都的品牌价值，使潍坊的知名度、美誉度、市民素质、城市建设、会展旅游、商贸合作等方面，都有了很大的提升。风筝会催生了一批特色文体活动，开阔了潍坊人的眼界，熏陶出一种文明、时尚、开放、共享的城市气质，使潍坊逐步成为外地人向往、本地人自豪的现代化城市。

千百年来，风筝一直作为一种民间娱乐活动而备受喜爱。时至今日，它更是被赋予了新的内涵，成为和平的使者、自由的象征，联结着国际友谊，寄寓着人类的美好愿望，成为人们生活中一项很有意义的活动。

放风筝是潍坊民间最受欢迎的活动之一

鲁台经贸洽谈会
——一脉承两岸　两岸共发展

1994 年 8 月 8 日，第一届鲁台经贸洽谈会成功举办。从此，鲁台会根植潍坊。到 2021 年，已成功举办 26 届。27 年来，鲁台会不断升级发展，参会人数屡创新高，两岸众多行业协会、知名企业积极参与，鲁台会的品牌影响力和美誉度都在不断提升。

一年一度的鲁台会，持续创新举办模式，先后创立了海峡两岸博览会、丝路传承·民间工艺品博览会、台湾县市主题展、台湾农产品精品展等品牌，其专业性、权威性得到两岸高度认可，国台办多次称赞鲁台会“创造了新的纪录”。一场节会可带来产业之兴、城市之盛、生态之美、人文之厚重。如今，鲁台会已成为两岸各界人士交流对话、凝聚共识的重要桥梁和政策发布、经贸合作的重要平台。对于鲁台两地的人民来说，它不仅是一张靓丽名片，一笔宝贵财富，更是一种生活符号，一座跨越 1300 多千米连接两岸经济文化的“桥梁”。

促进两岸经贸往来开花结果

翻开鲁台会的记事本，最先看到的是一行行数字，这些数字记录着鲁台会每一年的跨越式增长，每一年都是变革性突破，创造着一个又一个新的纪录。

2007 年，鲁台会升格为由国台办和山东省政府主办；2016 年，台湾 52 家工商团体 1257 名台商参会对接；2017 年，鲁台会展出面积突破 5 万平方米，近 16 万人次到场参观采购洽谈；2019 年，中国大陆 20 多个省市和 9 个国家、地区的专家、企业参展参会，山东省外参展参会企业数量超过参会企业总数的 70%；2020 年，鲁台会创建云展平台，迈入数字化发展新时代；2021 年，2257 家企业在线上参展。“以展带会、以会促展、以展会促进贸易拉动投资”“鲁台会 +”等模式不断创新完善，形成了“持之以恒、与时俱进、不忘初心”的鲁台会精神，引领着台资企业不断落户潍坊、投资山东、布局环渤海。

合作双赢是海峡两岸的共同目标与诉求。鲁台会搭建起的是双向交流的渠道。鲁台会 3 次入岛举办，歌尔声学等 7 家潍坊企业先后入岛投资。潍坊港获批对台海运直航，海峡两岸（寿光）农业科技合作示范

鲁台经贸洽谈会

基地、鲁兹中德产业园、共达智能电声科创园、万豪综合产业园等台商领办的产业园区先后落户潍坊。潍坊被评为“推动台商合作优良城市”。

促进两岸文化繁荣

经过 20 多年的发展，鲁台会在增进认知、厚植感情、传递文化方面，同样发挥了重要作用。民众间的文化交流、工商企业界的理念借鉴、民间协会之间的你来我往日益紧密，两岸一家亲的气氛愈加浓厚。

以文化为桥梁和纽带，潍坊先后创办了海峡科技论坛、中国（潍

坊）工业设计周、两岸青年设计力大赛，风筝、武术、校园文化等交流活动，打造了“一县一特色、一市一品牌”的对台交流品牌。齐鲁台湾城获批国家级海峡两岸交流基地，潍坊率先在台湾岛内建设“潍坊民间文化艺术馆”“潍坊微型风筝文化馆”，多次在佛光山、台湾大学等举办风筝文化节、匠心独韵·潍坊工艺精品展等活动，进一步增强了台胞对中华文化同根同源的认知感和归属感。鲁台科技、农业、职业教育等交流中心先后落户潍坊，潍坊医学院康复学院等鲁台合作办学科系相继设立。鲁台会带动的两岸交流的方式日益多元，影响也日益深远。

鲁台会文化交流

中国画节·文展会
——艺术盛宴

潍坊素有“书画之乡、书画名城”的美誉。北宋山水画家李成是北方山水画派的杰出代表，他与长安（今西安）的关仝、华原（今铜川）的范宽齐名，一同被誉为“智妙入神，才高出类，三家鼎跱，百代标程”。北宋画家张择端，更是以一幅《清明上河图》成为中国绘画史上一座难以逾越的高峰。明代冯起震、冯可宾父子擅绘墨竹，他们的作品开一代墨竹画之风气。明清时期，潍县仕宦之家多喜爱收藏金石字画，绘画习书之风盛行乡邑。在潍坊任职的周亮工、郑板桥、招子庸等，都是诗、书、画皆通的名家。现当代的郭味蕖、于希宁、陈寿荣、郭仪宗等名家，都在中国书画史上起到了承前启后的作用，并培养出了一大批书画人才。

基于这样厚重的历史底蕴，截至 2021 年年底，潍坊已成功举办 10 届中国画节、13 届文展会。历届文展会成果丰硕，参观人次多，交易数额大，充分展示了城市文化发展水平，见证了潍坊文化产业蓬勃发展的历史，得到社会各界广泛好评，已成为潍坊文化建设的一块“金字招牌”。特别是中国画节是中国首个以“中国画”命名的大型艺术节庆活动。2013 年 4 月 21 日，在由中国美术家协会、中国艺术研究院、中国国家画院、解放军美术创作院等联合主办的第三届中国画节开幕式上，潍坊被授予“中国画都”称号。

拉动繁荣文化市场的新引擎

潍坊文化产业的发展，既要依靠得天独厚的资源优势，又要依靠勇于创新的后发优势，两者相得益彰，共生共赢。中国画节 · 文展会以一种独特的方式记录着潍坊文化血脉的延续，展示着潍坊城市文化的内涵，是潍坊这个城市无形的财富。

中国画节 · 文展会经过多年发展，已经成为国内有重要影响力的

中国画节 · 文展会上的国画

文化节会品牌，对加强文化产品展示交易、推动文化项目签约落地、促进文化产业跨越式发展，起到了重要的推动作用。在中国画节 · 文展会的带动下，潍坊书画产业集聚了多个在业界具有较高知名度和广泛影响力的综合性书画市场，形成了一条集展览展示、评估鉴定、质押融资、典当拍卖、上市交易于一体的完整产业链。潍坊书画市场已成为全国重要的一级市场，经营机构近 2000 家，年交易额近 200 亿元。

得益于中国画节 · 文展会的成功举办，潍坊赢得了“中国画都”的殊荣，这一殊荣同“世界风筝都”一样，成为潍坊又一张熠熠生辉的城市名片。节会不仅充分展示了潍坊文化产业的发展水平，提升了市民的文化素养，还直接推动了全市文化产业的发展与繁荣。

文化创意展示

用书画讲述“中国故事”

文化不仅是一个国家综合国力的重要组成部分，也是一个城市或地区的亮丽名片、金字招牌，代表了一个城市或地区的综合实力和发展潜力。

一个节会带动了一次产业的转型升级，带动了一个城市或地区的实力提升。中国画节·文展会伴随着潍坊经济、社会、文化发展的脚步，见证了潍坊文化产业从起步、成长，到快速发展，向市场化、高端化、国际化探索的历程，见证了潍坊文化产业的创新、跨界融合与转型升级的过程，也见证了潍坊文化“走出去”的历程。

一年一度的节会开启了文化交流之窗，搭起了一座展示文化产业魅力的合作平台，让潍坊文化“羽化成蝶”，飞向四面八方。中国画节·文展会用书画讲述着“中国故事”，向世界展示着“中国梦”。

实现文化为民、惠民新福祉

一批又一批的优秀艺术家，使潍坊文化有序传承。他们使中国画节·文展会的品牌影响力不断提升，学术氛围越发浓厚。

如今，这一艺术的盛会、文化的盛会早已在潍坊落地生花，提高了广大市民和文化企业的参与度，使潍坊的优秀传统文化真正地活了起来，为潍坊文化产业发展注入了活力。参观的市民，既是被视为“阳春白雪”的高端展会的观赏者，又是“接地气”的文化活动的参与者。“约会”中的潍坊人在对艺术乃至文化的了解中发现亮点，在对比中增长见识，从而增强了文化自信。

潍坊这一座“文化名市”，以中国画节·文展会为龙头，各项文化活动遍地开花，为潍坊人民奉上了一场场精彩纷呈的艺术盛宴。

中国（寿光）国际蔬菜科技博览会——演绎绿色传奇

寿光蔬菜是山东省的著名特产之一，种植规模宏大，品种繁多，绿色无公害，营养丰富。寿光是国务院命名的“中国蔬菜之乡”，拥有全国最大的蔬菜生产基地和批发市场。

中国（寿光）国际蔬菜科技博览会（简称“菜博会”），截至 2021 年

金童西瓜

老鼠瓜

玉女黄瓜

年底，潍坊已成功举办 22 届，先后共有来自 50 多个国家和地区以及国内 31 个省、自治区、直辖市的 3000 多万人次参展参会，对国内外蔬菜及相关产业领域产生了广泛的影响，被认定为国家 5A 级农业专业展会。

品牌菜博会

菜博会坚持创新、协调、绿色、开放、共享的办会理念，全面汇集、展示了国内外蔬菜产业领域的新技术、新品种、新成果、新理念。它采取展位展示、实地种植与蔬菜文化相结合的展览方式，是一个国际化、专业化、市场化的交流平台。

2021 年 4 月 20 日，第二十二届菜博会暨 2021 种博会开幕。这届菜博会在国家 4A 级旅游景区寿光市蔬菜高新技术示范园举办，主展区展览总面积 45 万平方米，设有 12 个展馆、蔬菜博物馆、大棚优质高效生产示范区及广场展位区，展出国内外蔬菜品种 2000 多个，新增品种 302 个，种植新技术 105 项，栽培模式 87 种。

李白南瓜

观赏南瓜

园林式园区与现代化的展馆交相辉映，发达国家的先进蔬菜良种与寿光自主研发的蔬菜新品种在这里得到全面展示，多个实地种植的蔬菜品种鲜脆欲商、长势喜人，笑迎络绎不绝的游客。神奇而迷人的高科技栽培、美轮美奂的蔬菜景观、壮观的大棚优质高效生产示范区、现代化原生态的采摘园以及穿越历史时空的蔬菜博物馆，给人以无限遐想，令参观者内心憧憬起美好的绿色未来。

科技菜博会

菜博会实地种植着世界上最为先进的蔬菜品种，全面，立体地展示着蔬菜栽培领域的前沿技术，实行智能化、信息化的水肥一体化生产管理，并采用机械化操作；生物组培技术展示，充分介绍蔬菜无性繁殖

的过程；植物工厂内，蔬菜完全在人造光源下茁壮成长；机器人采摘、嫁接等，替代了人工，实现了蔬菜管理的智能化；“纸上种菜”技术，用一个托盘、一张纸和一把种子，采用全封闭生长，不须使用任何农药化肥，就可以生产出营养、健康、安全的芽菜；蔬菜补光，利用光伏太阳能电池板分光技术，为植物提供所需要的光能，还储存了电能，达到了低碳、节能、高产、优质、高效的目的。

菜博会中的实地种植展示区是寿光农业生产标准化、基地化、品牌化、种苗化、高端化的缩影。蔬菜栽培技术种类之多、模式之新，走在了世界现代农业的前沿。高端蔬菜品种和“中国造”的新蔬菜品种琳琅满目，尽显“新、特、珍、优”四大特色。科技创新始终是菜博会的主题。

菜博会实地种植展示区

文化菜博会

菜博会一向注重文化元素，将中国优秀传统文化、中国现代文化、世界文化完美地融入到蔬菜展览中，为展会增添了无穷魅力，更富传奇色彩。

第二十二届菜博会期间，八号馆向游客演绎了一场蔬菜文化大戏：以庆祝建党 100 周年为主题，精心打造蔬菜文化创意景观 200 多个，以

菜博会主题展区

蔬菜、种子、瓜果为元素，设计制作“百年伟业”“中华圆梦”“中国精神”等20处大型蔬菜景观，呈现了中国共产党波澜壮阔的百年历程和新时代取得的辉煌成就，弘扬了新时代精神，使展会成为新时期党性教育和红色教育的大课堂。

讲好中国故事，传播正能量。菜博会“蔬菜＋文化”的展出模式深入到展会的各个区域，为广大游客奉献了一道道“文化大餐”。

中国（青州）花卉博览交易会——以花为媒共图发展

山东省青州市素有“海岱明珠”和“东方花都”之美誉，是全国著名的花木之乡，第七届中国花卉博览会举办地、中国花卉协会盆栽植物分会驻地。花卉产业作为青州市六大支柱产业之一，近年来发展极为迅速，目前青州市花卉面积已达 13.1 万亩（约 8733.33 公顷），年产值 95 亿元，年交易额 110 亿元，青州已经成为全国最大的盆花生产中心、盆栽集散中心和花木物流中心，蝴蝶兰、观赏凤梨、红掌、草花等品种花卉产销量居全国第一，被命名为“中国花木之乡”“中国改革开放 30 年最具影响力花木之乡”，被评为山东省“十大产业集群”之一，入选中国产业集群品牌 50 强。

中国（青州）花卉博览交易会是国内著名的花卉展会之一，截至 2022 年 10 月底，潍坊已经成功举办了 22 届。2002 年、2007 年青州市承办了第三、第四届山东省花卉博览会，并被山东省林业局、省花协确定为山东省花卉交易会永久性会址。

青州市立足花卉产业实际，借助花博会这一平台，确立了“东方花都、青州花卉”产业品牌发展战略，立足高端，科学谋划，大力调整花卉产业结构，构建花卉产业结构，构建花卉产业新格局，实现了青州花卉产业规模膨胀、提质增效的目标。建有占地 50000 亩的花卉高新经济区，占地 1600 余亩的中国北方花卉交易中心，占地 5000 亩的花卉高科技博览园，占地 1300 亩的青州花卉公园，与地 1100 亩的青州（国际）花卉创业园，占地 260 亩的花卉学院等一批花卉产业重点项目，为青州花卉产业新一轮大发展注入了新的活力。

百花争艳的青州花博会

21 年来，青州市坚持“以花为媒、共图发展”的办会理念，逐步转变政府主导的办会模式，加大市场化运作力度，青州花博会规模越办越大，水平越办越高，影响越办越广，效益越办越好，每届花博会平均室内布展面积达 4.2 万平方米，室外布展面积达 10 万平方米，参展客商累计达到 3 万余家，累计观众达到 568 万人次，其中专业观众

达到 23.25 余万人次，现场交易额累计达到 28.01 亿元。

花博会的成功举办，宣传了青州，扩大了交流，对增强“青州文化”影响力、做大叫响青州花卉品牌、推动青州现代农业产业结构调整起着举足轻重的作用，促进了青州各项事业的快速发展。花博会已经成为青州的一张名片，代表了青州的对外形象。

花博会

中国（高密）红高粱文化节
——打造文学高地

《红高粱》是诺贝尔文学奖得主莫言的著名小说。中国（高密）红高粱文化节自 2010 年创立以来，目前已连续成功举办 12 届。文化节秉持弘扬先进文化、体现地域特色、传承人文精神、提升城市品位的办会理念，通过挖掘整合“红高粱”文化资源，打造“红高粱”主题文化品牌，成为展示高密文化和经济社会发展成果、加强对外交流与合作、

促进高质量发展的重要载体，进一步扩大和提升了高密市“大禹封国，三贤故里，莫言家乡”的影响力和美誉度。

首届红高粱文化节以“荟萃高密民间文化艺术，整合红高粱文化资源，打响红高粱主题文化品牌，构建文化名市新格局”为主题，举办非物质文化遗产精品展、高密民间特色文化艺术品展、高密茂腔演出周等系列活动，叫响了“红高粱”文化品牌，扩大了“红高粱”的影响力，使“红高粱”成为高密的一张靓丽名片。

此后每年一届的红高粱文化节，各有主题，但都紧紧围绕“红高粱”品牌形象和高密文化特点。此后每年一届的红高粱文化节，各有主题，但都紧紧围绕“红高粱”品牌形象和高密文化特点。以 2012 年莫言获得诺贝尔文学奖等为契机，文化节不断深化和升华。通过举办高密扑灰年画珍品展、陶艺展、莫言乡土情缘研讨会、电视剧《红高粱》开机仪式、现代茂腔戏《红高粱》首演、中国红高粱诗歌大赛、诗歌朗诵会、东北乡文化旅游和“红高粱之约”等一系列丰富多彩的文化活动，逐步打造“文化高密，文学高地”的形象，提升了高密在国内外的知名度和美誉度。

首届红高粱文化节演出现场

北方（昌邑）绿化苗木博览会——奏响绿色篇章

昌邑市拥有“中国北方绿化苗木基地”，是山东省园林绿化苗木的重要产区。为了打响“昌邑苗木”品牌，打造“绿色昌邑”名片，中国（昌邑）北方绿化苗木博览会作为服务群众、拉动产业的切入点，充分发挥引领、示范作用，助推全市苗木产业不断调整结构、优化升级，呈现出产业结构不断优化、市场主体日趋成熟、品牌效应持续放大的良好态势。

自 2003 年至 2021 年，北方（昌邑）绿化苗木博览会已成功举办了 19 届，是由中国林学会、中国花卉报社共同举办的国家级苗木展会。绿博会以“传播绿色文化、构建和谐社会”为主题，按照“构建平台、促进交流、打造品牌、拓展市场、做强产业”的办会思路，不断探索实践，逐步建立起了“政府支持、企业主导”的市场化运作体制。目前已成为全国苗木行业最具影响力的展事活动，参展的大商名企逐年增加，展品质量逐年提高，参展也在观众逐年增加。据统计，19 届绿博会共吸引美国、荷兰、意大利、俄罗斯等 11 个国家的 100 多家苗木企

绿博园会展中心

业和国内9000多家苗木企业参展，近30万名业内人士前来参观、交易，签订购销合同13万多笔，交易额近30亿元，促进了信息技术流、产业资源流的聚集。

目前，昌邑市绿化苗木发展到6万亩，苗木存量1亿株、品种600多个，苗木企业发展到近300多家，年销售额达10亿元。全市有10多家苗木企业与中国林科院、北京林业大学、山东省林科院等科研院所进行联合协作，建立了3个产学研创新基地，选育出具有自主知识产权的“满堂红”“红霞”等20个海棠新品种、“海霞”“美慧”2个观赏桃新品种；发展的奥孚苗木、昌邑花木场、远华园艺等苗木领军企业，对昌邑及周边地区苗木产业发展起到了积极带动作用。大力发展苗木电子商务，推动“互联网+”应用，充分发挥江北苗木集散中心、价格形成中心、信息交流中心和技术推广中心的作用，进一步提高了昌邑在全国苗木产业市场的话语权，打造永不落幕的绿博会，绿色已经成为昌邑最具美誉度和影响力的城市名片。

中国（昌乐）国际宝石博览会——璀璨永恒“中国蓝”

昌乐位于山东半岛中部，人杰地灵，文化底蕴丰厚。20 世纪以来，随着雄伟壮观的远古火山和储量达数十亿克拉的蓝宝石的发现，昌乐赢得了“世界古火山奇观，中国蓝宝石之都”的美誉。

秉持“宝石为媒、展会搭台、扩大交流、发展共赢”的办会宗旨，从 1996 年举办首届山东昌乐全国珠宝展销订货会至 2021 年，昌乐已成功举办了 25 届全国珠宝展销订货会和 11 届国际宝石节。从 2013 年起，宝石节升级为国际宝石博览会，已成功举办 9 届。每次展会都以传播珠宝文化为核心，引导珠宝潮流，发展和创新珠宝文化，为商家和消费者提供更优质、更广泛的文化消费平台。

得天独厚的火山宝石资源优势

1800 万年前的火山喷发，不仅赐予了昌乐火山口群独特的自然奇观，同时也带来了宝贵的矿产资源——蓝宝石。“昌乐有三宝，蓟蓟菜、毛毛草、乌金火石不用找。”多年来，当地就有这样的民谣。常有百姓在田间野外捡到“乌金火石”或“牛角火石”，而这些“火石”就是蓝宝石。

1986 年至 1990 年，经山东省地质部门探明，昌乐境内蓝宝石有矿面积覆盖达 450 平方千米，储量数十亿克拉，占县域总面积的近一半，

昌乐蓝宝石

珠宝展

富矿区品位在 30 克／立方米，是目前国内最大、世界罕见的大型蓝宝石矿区之一。昌乐蓝宝石以颗粒大、晶体完好、颜色纯正、二色性显著、特异宝石多等特点，深受国内外珠宝商和消费者的青睐。

依托这一独特的资源禀赋，昌乐人将小小的蓝宝石做大做强，做成一项拉动经济发展的特色性产业，形成了“买全球、卖全球”的战略格局。2012 年，昌乐县被中国矿业联合会授予“中国蓝宝石之都”称号。

高效发展的黄金珠宝产业集群

以蓝宝石为媒，昌乐发展起了珠宝首饰加工产业。从早期的家庭作坊到中国宝石城聚集发展，昌乐人将这些精雕细琢后的蓝宝石销往全国各地，使这里一跃成为中国江北最大的珠宝玉石集散地，先后被评为“中国珠宝玉石首饰特色产业基地”“中国珠宝产业基地”。

与“中国蓝”的美誉相辉映，昌乐还有另外一个广为人知的称号，那就是“不产黄金的黄金加工基地”。目前，昌乐已培育发展了梦金园、蓝天、嘉福、亿福、赛菲尔等几十个驰名商标和著名品牌。黄金珠宝加工交易产业已形成了从黄金珠宝首饰加工、宝石镶嵌、展览展示、批发零售到休闲旅游购物一体化的完整产业链条。全县加工经营业户超过 2000 家，从业人员 5 万余人，年加工宝石 1000 多万克拉、各类首饰 1 亿多枚、黄金 100 多吨，年加工交易额超过 500 亿元。

着眼高质量发展，昌乐坚持讲好珠宝的故事，做好宝石城的梦，聚焦新旧动能转换，实施“黄金珠宝 +”战略，推动产城融合、产业融合，使黄金珠宝产业深度融入互联网经济，转型升级步伐持续加快，中国宝石城先后被评为国家 4A 级旅游景区、中国珠宝艺术品十大品牌市场、全国竞争力百强市场、山东省规范化文明诚信市场、山东省小企业创业示范基地、山东省创业示范园区、山东省重点服务业园区、山东省现代服务业集聚示范区、山东省现代优势产业集群、山东省特色产业集群等荣誉称号。

日益彰显的“中国蓝”文化品牌

专业化、品牌化、智慧化的宝博会已是昌乐谋求国际宝石产业话语权的必经道路，更是“中国蓝宝石之都”的靓丽文化品牌。2021中国（昌乐）国际宝石博览会以“紧抓新机遇、共创新时代”为主题，举办了2021中国彩色宝石高质量发展峰会，邀请到中国地质大学（北京）珠宝学院副教授李耿、北京分果果科技有限公司董事长赵文公等专家，围绕市场趋势、文化塑造、线上营销以及产品设计等方面议题，进行了深度交流、分享，探索彩宝行业在以国内大循环为主体、国内国际双循环相互促进的大环境下如何突围，为昌乐县珠宝企业与全国各地珠宝同行的交流合作搭建了高端平台。

2021年，宝博会在中国蓝宝石博物馆二楼新增产业宝石和人文宝石两大展区，全面展示昌乐珠宝产业的发展历程和宝石文化，丰富了蓝宝石的文化内涵。在主展馆，行业内的众多知名企业、知名品牌、最新营销模式悉数亮相，专业化程度进一步提高。各地展商组团齐聚珠宝展，其中，广州彩宝展团有展商25家、河南翡翠展团有展商17家、浙江珍珠展团有展商6家、景德镇陶瓷及淄博琉璃展团有展商12家、江苏宜兴紫砂展团有展商12家、昌乐“非遗”文化展团有展商15家，展品档次明显提高。昌乐县珠宝企业的《巨龙腾飞》《如意葫芦》《蟠龙杯》等经典作品，也纷纷亮相宝博会。

在做好线下展销的同时，2021 年宝博会还通过快手、抖音、淘宝、山东省 139 家区县“一县一端”等多媒体矩阵联动直播，成功将开幕式、珠宝展等系列活动带到“云端”，再次创造了线下展销活跃、线上“千万人围观”的盛况。宝博会举办了 2021 中国宝石城珠宝电商购物节系列活动，组织宝石城电商企业，借助淘宝、快手、抖音等平台，开展直播带货，为消费者提供了优质的线上消费平台，实现了线上线

下展销“两旺”。

2021 年宝博会期间，中国蓝宝石博物馆、珠宝展馆、中国宝石城市场接待游客和采购商达 2.6 万人次，同比增长 8.3%；线上线下交易额及协议交易额达 2.9 亿元，同比增长 7.4%。一年一度的宝博会已然成为昌乐展示城市魅力的窗口、黄金珠宝产业发展思维碰撞的交流平台、商业资源集聚的产业洼地。

俯瞰中国宝石城

羊口祭海节
——流传数百年的海域民俗

羊口镇位于寿光市北部，小清河下游入海处，古称塘头。清同治三年（1864 年），始设港通商。羊口人捕鱼历史悠久，在代代以捕鱼为生的岁月里逐渐形成了独具地域特色的弄潮技巧、海域文化，祭海节便是其中之一。

相传，羊口祭海源于唐太宗李世民御驾亲征高句丽时的故事。当时唐太宗派大将张亮为先锋，率军驻扎在羊口塘头营。此地遍地盐碱，海风劲刮，环境恶劣。先遣部队久居此地，生活枯燥，不断有将士厌倦了寂寞的生活，不辞而别。张亮为稳定军心，丰富将士们的生活，便让众将士模仿海中生物，扮成鱼、鳖、虾、蟹的模样伴着鼓点进行演出，日渐丰富了生活，稳定了军心。而每次渡海训练遇有风浪时，张亮就派水手在黑夜里爬上桅杆挂起红灯笼，指引航向。他说这是天妃娘娘在挂灯，在迎接大家。众人扬帆使舵，安然归航，从而对将军的话深信不疑。久而久之，羊口人每每出航，便烧香焚纸，宣读祭文，仪式肃然，形成了惯例，也就有了祭海节的雏形。

随着时间的推移，祭海成了一种仪式，一种独具特色的文化活动。

每年正月十六为天妃娘娘的生日。这一天，羊口家家户户都带上提前蒸好的饽饽，备好鸡、鱼等各类供品，手提海灯，携带高香和鞭炮，身穿节日盛装，陆续来到小清河，敬酒烧香，跪拜磕首，祷告祈福。同时，人们把自制的海灯点燃，或放入水中，送给天妃娘娘，期盼天妃娘娘持神灯保佑出海渔民人船平安。

2006 年，羊口渔民承办了第一届大型集体祭海活动，将祭海开海节发展成为群众性的广场文化活动。此后每年的正月十六，人们都会遵循传统一起来到羊口港靖海门畔。当天的羊口码头，鼓乐震天，龙腾狮跃，人头攒动，一派热闹景象。渔民们邀请德高望重的主祭人宣读祭海文，祈求渔家出海平安，鱼虾满仓，一帆风顺，四季发财。

祭海节的热闹景象

中国烟草
CHINA TOBACCO

羊口祭海节仪式

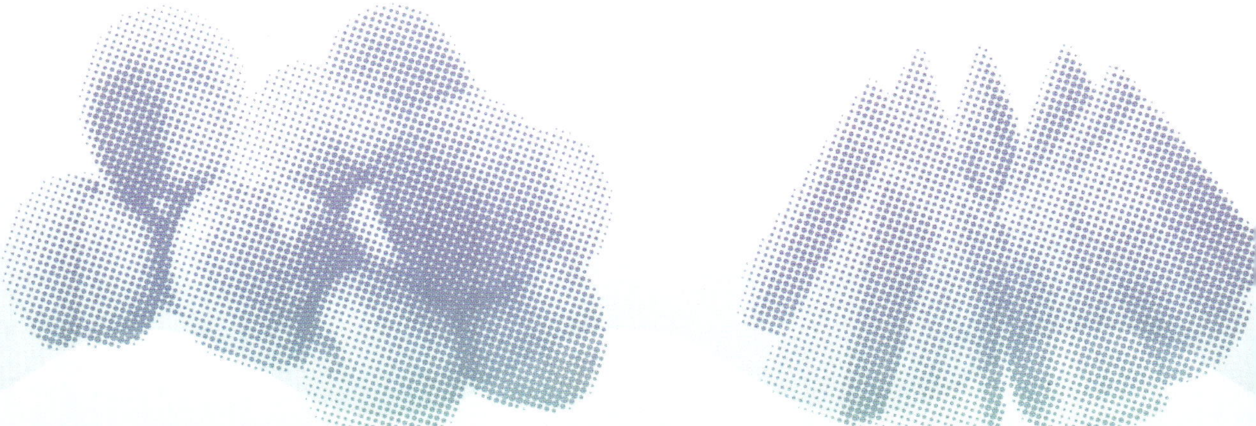

潍坊风味

潍坊物产
传统名吃

潍坊物产

潍坊是全国现代农业建设的先行区，全国重要的农产品“食品生产”加工、出口基地。改革开放以来，潍坊在优势特色产业发展、农业产业化经营、对外开放、农村改革等方面形成“诸城模式”“潍坊模式”“寿光模式”，得到习近平总书记的充分肯定。2018 年 8 月 31 日，经国务院批准，在潍坊设立全国第一个、也是目前全国唯一一个以农业为特色的国家级对外开放综合试验区，目标是打造成为全国农业开放发展引领区、农业科技创新先行区、农村一二三产业融合发展示范区。

潍坊农业资源的特殊优势使得潍坊的农副产品享誉全国。截至目前，潍坊市已有 28 个农产品和 24 个水产品入选国家地理标志产品，其中较著名的有潍县萝卜、青州蜜桃、昌邑梭子蟹、昌邑大对虾等。

潍县萝卜

因原产于山东潍县而得名，至今已有 300 多年的栽培历史。潍县萝卜皮色深绿、肉色翠绿、香辣脆甜、多汁味美，是享誉国内外的名特优

潍县萝卜

地方品种，素有“烟台苹果、莱阳梨，不如潍县萝卜皮”之说，深受人们的喜爱。

潍坊气候温和，光照充足，降水量适中，昼夜温差较大，适宜潍县萝卜的生长。加之土地肥沃，土壤和水中可溶性钾含量高，使得潍县萝卜营养丰富。潍县萝卜富含钙、镁、锌、铁等多种微量元素及多种维生素，既可做成熟菜，也可生食，还可入药。据《潍县志稿》记载，潍县萝卜味辛，有行气、化痰、消食的功效。

如今，潍县萝卜的栽培面积不断扩大，主产地已从原来的潍县城扩展到周围区县，新疆、四川、广东、云南、福建等地也有引种。

青州银瓜

青州银瓜是青州市名优特产，有“瓜中佳品”的美称，原产于流经青州的弥河两岸沙滩，故称“弥河银瓜”，又名益都银瓜。据《青州府志》记载，明孝宗弘治年间，第一位衡王朱佑珲就藩青州时，弥河银瓜被选为皇宫贡品，至今已有 530 余年的历史。

青州市地处泰沂山脉和渤海冲积平原的交接地带，境内“半山半洼”，河渠纵横，弥河两岸有大面积的白沙滩。白天光照强，气温高，这种沙滩能促进瓜叶的光合作用，创造较多的养分；晚上气温低，瓜叶呼吸减慢，又便于积蓄养分，从而形成了青州银瓜一甜、二香、三脆的独特风味。

青州银瓜呈长圆形，柄部稍长，果面有纵沟，中部凸起成棱，脐部稍大。成熟后瓜皮略呈乳黄色，瓜肉白嫩，含糖量一般在 12% 左右。随着现代农业发展，青州银瓜一年四季都有栽培种植，现在即使在寒冷的冬季，也能品尝到美味可口的银瓜。

青州银瓜以表皮光洁、白中透黄、内质脆、香气浓郁、甘甜可口、品质优等特点远销北京、上海、济南、青岛等大中城市，备受消费者青睐。2009 年 6 月，“青州银瓜”商标被国家工商总局（现为国家工商行政管理总局）注册为农产品地理标志证明商标，成为潍坊市首个地理标志证明商标。目前青州银瓜已被评为山东省知名农产品区域公用品牌。

青州银瓜

青州蜜桃

青州蜜桃栽培历史悠久。早在南北朝时期，农学家贾思勰就在《齐民要术》中描述了当时青州一带广泛种桃的情况，《青州府志》中也有关于蜜桃的记载。明清时期，青州蜜桃更是成为朝廷贡品。

青州蜜桃主要种植在青州市西南山区地带，面积约2100公顷，以晚熟、肉细、味甜、色艳、较耐贮存而著称。青州蜜桃于9月下旬到10月上旬成熟，不仅营养丰富、味美香甜，而且其药用价值也很高，其根、皮、叶、花、仁皆可入药。

青州蜜桃

昌乐西瓜

昌乐西瓜是中国国家地理标志保护产品、全国名特优新农产品、山东省名特产瓜果。昌乐县地处暖温带大陆性季风气候区，四季分明，日照充足，昼夜温差大。县域内拥有举世罕见的远古火山群遗迹，万年前火山喷发形成了肥沃的土壤和富含微量元素的优质水源。适宜的气候、独特的环境，加之先进的栽培技术，造就了昌乐西瓜“早熟、皮薄、沙瓤、脆甜”的卓越品质，享有“天上甘露美，昌乐西瓜甜”的美誉。

昌乐西瓜栽培历史悠久，明嘉靖版《昌乐县志》即有西瓜种植的记载。因其口感甜脆清爽，到民国年间已远销济南、青岛等地。中华人民共和国成立后，昌乐县无籽西瓜生产填补了省内空白。目前，昌乐西瓜常年种植面积16万亩（约10666.7 公顷）左右，年产量 60 多万吨，年产值超过 20 亿元，西瓜产业已成为昌乐农业的主导产业。昌乐西瓜被农业农村部优质农产品开发中心评为“100个最具影响力中国农产品区域公用品牌”，首批入选中国农产品区域公用品牌、山东省知名农产品区域公用品牌。2021年昌乐西瓜品牌价值达到43.17亿元，连续12年位居全国西瓜品牌价值第一名。

昌乐西瓜

昌邑梭子蟹

昌邑地势低平，河流众多，地理位置优越，海岸线长，滩涂广阔且四季分明，光照充足，雨热同期，与同纬度内陆地区相比，具有冬暖、夏凉、春冷、秋温的特点，适合梭子蟹的生长繁殖。

昌邑梭子蟹头胸甲坚硬，背部呈青黄色，体表色泽光洁。蟹体厚实，体型肥满。蟹黄凝固呈石榴红色，肉质细腻，紧密有弹性，以味道鲜美，营养丰富著称。昌邑梭子蟹现为中国国家地理标志保护产品。

昌邑梭子蟹

诸城绿茶

诸城绿茶，有中国“最北端茗茶”之誉，为中国国家地理标志产品。

诸城东南部多山，靠海近，山南迎风坡降水丰沛，海雾时常光顾这一区域。独特的地理位置、地形地貌、气候、土壤，适合茶树生长。史料记载，诸城产茶的历史至少已有 800 年。

1958 年冬，当时的山东省农业厅试验将安徽、浙江的茶叶种子引进山东种植，在诸城南部山区等地试种成功。在引进安徽黄山群体种、龙井 43、鸠坑种、浙农 113 等优良品种的基础上，经长期栽培和选育，培育出了与母本不同的抗旱、耐寒、高产、优质的茶树新品种“诸城绿茶”，茶树也由乔木型转化为灌木型。

诸城绿茶叶片肥厚嫩绿，汤鲜绿，味鲜醇，无苦涩感、回味甘甜、耐冲泡，以浓郁的板栗香和持久的色泽赢得了人们的喜爱。诸城绿茶含有多种微量元素，如氨基酸茶多酚、儿茶素等；含有多种矿物质和无机元素，特别是钾、镁、铁元素含量高；有益元素硒的含量高出鄂西富硒茶 6 倍多。目前诸城茶业产业规范化生产企业达 100 多家。品牌“颖青绿茶”“碧龙春绿茶”“怡明绿茶”等分别通过了农业农村部的有机食品、绿色食品、无公害农产品认证。同时，诸城绿茶荣获中国驰名商标 1 件，山东省著名商标 3 件。为使茶业产业可持续发展，诸城专门成立了诸城市绿茶研究所，浙江大学、山东农业大学等高校先后在诸城设立了北方绿茶科研基地，诸城绿茶科研成果在逐年增加。

诸城绿茶

景芝酒

景芝酒文化源远流长，迄今已有 5000 年的历史。景芝酒产于安丘景芝镇，这里是中国高粱烧酒的发源地之一，千百年来以酿酒闻名于世。1957 年，在景芝出土了大量属于大汶口文化晚期的文物，其中酒器占一半左右，可见那时发酵酒的生产在景芝就已颇具规模了。

早在南北朝时期，贾思勰所著的《齐民要术》就详细记录了景芝的制曲酿酒技艺。宋代时，随着制曲、酿酒技术的不断完善，景芝高烧日臻成熟，并开始形成自己的独特风格。到了元代，景芝酒的酿造技艺有了长足发展，当时的景芝烧锅林立，商贾不绝于途。明代时，景芝酒

景芝酒

业已非常繁荣。据《中国古今地名大辞典》载，明万历年间“景芝商业繁盛，产白酒颇著”，素有“十里杏花雨，一路酒旗风”之说。

到了近代，景芝酒采取的依然是传统的、古老的手工酿造技艺。酿酒的现场称为烧锅，当时，景芝有“七十二烧锅”，售酒商户近200家。1948年，景芝镇众多酿酒作坊合为一体，创立了中国最早的国营白酒企业之一——山东景芝酒厂。当时最著名的传统品牌是酿造历史悠久的景

芝白干，素有“开坛三里香”的美誉。清代著名文字学家王筠曾的诗句“一壶景芝酒，半篇说文书”中的“景芝酒”指的就是景芝白干。

现在的景芝酒厂中保存较好的南校场烧锅遗址，就是当年景芝“七十二烧锅”之一。遗址占地面积400平方米，有窖池100余个，遗址展示了旧时石磨粉碎、人工踏曲、天锅蒸馏、陶瓮发酵等古法酿酒工艺，颇具古韵，是迄今为止国内保存最完好的古代白酒酿酒作坊之一。

南校场烧锅遗址

潍坊市地理标志产品分布示意图

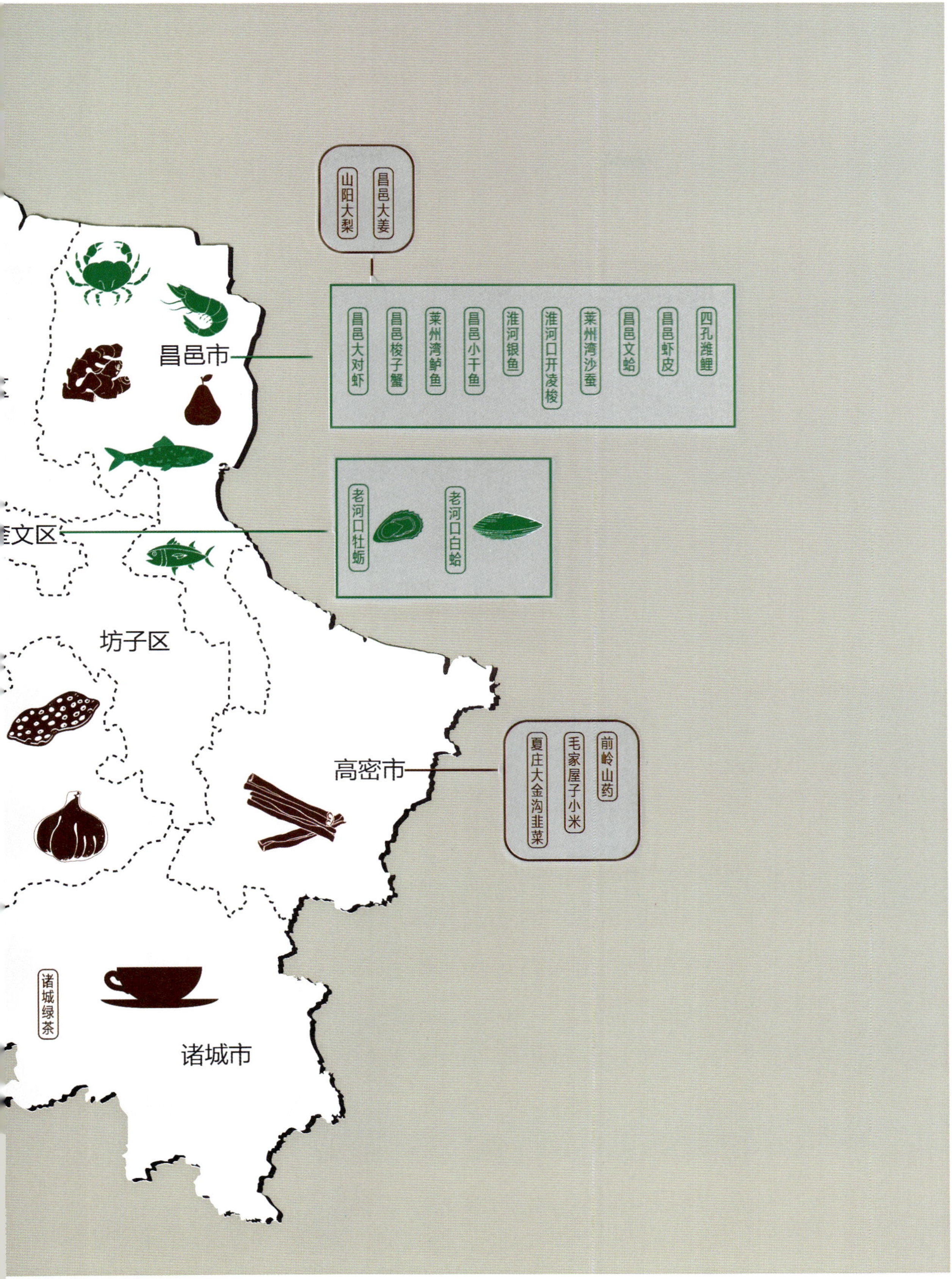

昌邑大姜
山阳大梨
四孔潍鲤
昌邑虾皮
昌邑文蛤
莱州湾沙蚕
潍河口开凌梭
潍河银鱼
昌邑小干鱼
莱州湾鲈鱼
昌邑梭子蟹
昌邑大对虾
昌邑市
老河口白蛤
老河口牡蛎
文区
坊子区
前岭山药
毛家屋子小米
夏庄大金沟韭菜
高密市
诸城绿茶
诸城市

传统名吃

潍坊是一个拥有众多名小吃的美食天堂。潍坊菜属于鲁菜系，口味咸鲜，注重刀法，烹饪技法多样。潍坊有许多久负盛名的特色美食，其中比较有代表性的是潍坊肉火烧、朝天锅、和乐、马宋饼、寿光虎头鸡、潍县拌辣皮、高密炉包、临朐全羊宴等。其中，朝天锅、马宋饼被评为“中华名小吃”。

潍坊肉火烧

潍坊肉火烧是山东潍坊的传统名小吃。潍坊肉火烧是外地人的叫法，潍坊本地人都叫老潍县肉火烧，主要以城隍庙肉火烧最为出名。潍坊肉火烧在潍坊人的味觉里具有难以动摇的位置。

潍坊的火烧历史悠久，种类繁多。《资治通鉴》中记载东汉人赵岐流落户北海（即潍坊）以卖饼为生，这是有文字记载以来较早经营烧饼的例子。清朝乾隆年间，火烧相对很简单，有大批的农民利用农闲做烧饼进城叫卖。他们用木杠子来压面，把面和得非常硬，人们叫它“乡火烧”“杠子头”。随着时代的发展，火烧的品种一天天多起来，出现了砍火烧、梭火烧、瓢子火烧、芝麻火烧等。清末民初，肉食也被巧妙地融合到火烧当中，肉火烧应运而生。

潍坊肉火烧把用花椒水泡过的肉馅包进软面团撕戎的小面团里，收边做成扁圆形的火烧坯，再放进炉里。随着一次又一次的翻烤，猪肉里的肥油滋润了由葱花、鸡蛋糕、海米剁成的馅泥，肉火烧即可出炉。

刚出炉的肉火烧呈碗口大小，略扁平，颜色呈金黄色，散发着面香、馅香、火燎香，因热气和肉馅的充实而饱满，圆滚滚的却看不到捏合的痕迹。肉火烧的皮很薄，咬一口却发现，原来这薄薄的一层皮竟是由好几层更薄的皮组成的，这就是专门加工的酥皮，让人不禁感叹制作者手艺之精良。

潍坊肉火烧

朝天锅

朝天锅是山东潍坊地区的传统名吃，属于鲁菜系，起源于清乾隆年间的民间早市。据说清乾隆年间，“扬州八怪”之一的郑板桥任潍县县令时，关心民间疾苦。某年腊月，他微服赶集以了解民情。见当时潍县赶集的农民吃不上热饭，便命人在集市上架起大铁锅，为路人煮菜热饭。锅内煮着鸡肉、猪肚、猪肠、肉丸子、豆腐干等，汤沸肉烂。路人围锅而坐，由掌锅师傅舀上热汤，加点香菜和酱油，并备有薄面饼，随意自用。因锅无盖，人们便称之为“朝天锅”。

朝天锅直径约50厘米，深约65厘米，锅口与桌面齐平，锅底有特制燃料。“朝天锅”肥而不腻，营养丰富，味美可口，汤清淡而不浑浊，配以薄饼食用，美味无穷。

现在，朝天锅一般用鸡肉、驴肉煨汤，煮以猪头、肝、肺、心、肚、肠，再配以甜面酱、醋、酱油、疙瘩咸菜条、胡椒粉、葱、姜、八角、桂皮、盐、香菜、香油、青萝卜等十几种调料和冷菜。

朝天锅

和乐

和乐是潍坊传统名吃，据说起源于山西、陕西，后经北京传至潍坊，由历史上的“河漏”演变而来。“河漏”是用荞麦面在密凿细孔的河漏床上压出的面条，本是农家日常食品。潍坊人对此进行了改进，用小麦面代替荞麦面。关于和乐的起源还有一个逸闻：潍县城内有一个商人，商人的几个儿子结婚后，常常为争夺财产而闹得不可开交。出于无奈，商人做了一道面食给儿子们吃，儿子们不知为何物。商人解释说这是和乐，有和和睦睦、合家欢乐之意。儿子们听后感到非常惭愧，终于和好如初。于是“河漏”也取其谐音为“和乐”，寄托美好寓意。又因卤子以鸡肉、鸭肉为主，遂取名“鸡鸭和乐”。

和乐面

和乐以制作考究、作料齐全、味美汤鲜而闻名于齐鲁大地，其特点是和乐条柔韧有劲，肉香，汤醇，别有风味。

肉丸子和乐面

马宋饼

马宋饼

马宋饼是源于昌乐县马宋镇（今营丘镇）马宋村的一道汉族面食。相传清朝初年，马宋村是江南各省举人进京赶考的必经之路。进京赶考之人多以步行，须历时一个多月的长途跋涉才能到达京师。由于马宋饼便于携带，可存放时间长，易消化，所以深受赶考之人的喜爱。

马宋饼的制作主要有和面、醒面、擀烙三道工序。和面时，用比例和温度适中的食盐水将优等面粉搅拌成团，反复揉搓，待质地光亮后以包袱覆之。醒面一段时间后撕为小块，将小面团压平后，再三层合一，在中间面团的两面涂花生油，随即擀压，使之薄如铜钱，形似圆盘。摊至火候适中的铁鏊上，待颜色白中带黄时，取下凉透即成。马宋饼的特点是烙花细碎，熟而不糊，色泽艳丽，柔软芳香，油丰而不腻，微咸而透清香，百食不厌。

薄如铜钱，形似圆盘

寿光虎头鸡

虎头鸡，又名松鸡，谐音“糊涂鸡”，属民间传统鲁菜。虎头鸡一直为私房菜式，烹饪也无标准。后经寿光人的传承与发展，2002 年被山东省鲁菜协会收录，并以王高虎头鸡的烹饪方法为标准菜式。现为寿光市王高镇和大码头镇地区的名菜，2006 年被列为山东省省级非物质文化遗产。

虎头鸡制作起源已无法考证，但王高虎头鸡已有 400 余年的历史。据王高《王氏家谱》所载，王高虎头鸡为清康熙年间所创制，清乾隆二十年（1755 年）的《续寿光县志》也有关于王高虎头鸡的记载。

传统虎头鸡以寿光地区所产的慈伦鸡（俗称“寿光大鸡”）为原料，制作时分烹炸和焖炖两步。先将处理干净的隔年母鸡（不宜用幼鸡，因为幼鸡太嫩不耐火，且不易入味和滤油）肉剁成枣大的块状，放入细白面中，倒入适量的蛋汁调和，然后置于沸油锅中烹炸，待肉块呈琥珀色后出锅晾好。用锅将水煮沸，再将炸过的鸡块倒入，随之加入大葱、姜、花椒、八角、醋等调料，慢火长时间焖炖，直至熟透。可依个人喜好而添加底料，也可加山药或土豆煲炖。

王高虎头鸡

北魏农学家贾思勰曾将寿光大鸡培育写入《齐民要术》

潍县拌辣皮

历史上的潍县是商贸重镇，客商文人云集，推动了饮食文化的发展，逐渐形成了别具一格的潍县菜。潍县菜也是鲁菜的重要组成部分，尤以凉菜闻名，潍县拌辣皮是其中的典型代表，位列潍坊凉菜四大“当家花旦”（其他三者为焖藕、炝芹菜、芥末鸡）之一。

潍县拌辣皮的特点在于荤素搭配、酱香浓郁、酸辣适中、脆嫩爽口、色泽艳丽，是当地的一道家常菜，也是当地人逢年过节、婚礼宴席上的必备菜。材料主要有粉皮、黄瓜、西红柿、鸡蛋皮、黑木耳、香菜、虾米、甜酱肉。做法依次为：泡发木耳，浸泡虾米，鸡蛋摊成饼，

潍县拌辣皮

猪瘦肉切丝用甜酱炒熟。粉皮热水泡发后和香菜等其他材料分别切成一寸长的段，切好的材料依次摆在盘子上一圈，颜色合理搭配。盘子中间，用切好的粉皮铺底，上面放上甜酱肉，点缀虾米。用米醋、盐、少许糖、蒜末、味精调制成味汁，浇到食材上即可。

做这道菜的时候还有讲究：肉丝要用北方甜面酱炒制；粉皮一定要先泡透，最好是选用地瓜粉皮，吃的时候劲道有嚼劲；各种原料的比例也要合理搭配。

高密炉包

高密炉包是潍坊高密的特色小吃，用料讲究，以鲜猪肉、鲜韭菜、鲜白菜和上好的精面粉为主料，以海米、木耳及各种调料为辅料，精心加工而成。其特点是包子又白又大，皮面软，馅饱满，味道鲜美，挂浆讲究，油香四溢。根据人们的喜好，分为素馅和肉馅两种，味道俱佳。

高密炉包始创于清代，后来成为人们走亲访友时携带的礼物，特别是高密南河湾的林三炉包，更是名冠城乡。中华人民共和国成立后，随着人们生活水平的提高，高密炉包成为高密人的大众美食。如今，高密几乎所有的饭店、酒楼都把炉包作为招牌面食。

高密炉包

临朐全羊宴

临朐全羊宴是由“五井全羊席”发展而来的。“五井全羊席”的创始人是“五井张家店”的老板张梅五（1896—1977 年）。张梅五选用年龄在三年以上的羯黑山羊（经过阉割的公羊）为主料，宰杀前只饮水，不喂食，使其空腹。从羊血开始，按宰杀的顺序，割到哪个部位，即以哪个部位的全部或部分，分别施以烹、炒、煎、炸、烧、蒸、焖、炝、拌等不同的烹饪方法，加入酸、甜、辣、咸等不同口味的作料，制成各种各样的成品菜。最后再加上一盆各部位混炖的全羊汤，组成有口

临朐全羊宴部分菜品

皆碑的“全羊席”。当时，成菜的羊体部位达到了 24 个，成菜根据各个部位不同的烹调方法分别冠以不同的名称。经过不断尝试，张梅五将“全羊席”发展为 72 道菜。

“全羊席”首创之后，很快得到了广大食客的青睐，五井周边赶集的人们都以吃过“张家店”的“全羊席”为荣。“五井张家店”也因此而闻名，张梅五则被冠以“河西（弥河以西）第一勺”的美名。

继张梅五之后，临朐全羊宴在五井人高乃治手上得到传承，后再经王光成发展与创新。伴随经济的发展、旅游业的兴旺，临朐全羊宴早已声名远播。

临朐全羊宴

『十三五』发展成就

综合实力显著提升
发展活力不断增强
城乡面貌日新月异
民生和社会事业长足进步
生态环境明显改善
社会保持和谐稳定
政府效能不断提高

综合实力显著提升

潍坊市GDP跃上7000亿元台阶，达到7010.6亿元，居全国大中城市第35位；一般公共预算收入突破600亿元，达到656.9亿元，居全国大中城市第32位；规模以上工业企业营业收入突破1万亿元，达到10929.1亿元，居山东省第2位；农林牧渔业总产值突破1000亿元，达到1183.5亿元，居山东省第1位。

发展活力不断增强

上市企业36家

高新技术企业1396家
高新技术产业产值
占比达到54.6%

潍坊市各类市场主体达到139.4万户，增长91.7%；国家级制造业单项冠军达到17家，省级制造业单项冠军达到83家，数量居山东省首位。大中型骨干企业实现研发机构全覆盖。拥有合作院士180人、国家级重点人才62人、泰山系列人才194人、鸢都系列人才409人，2人当选外籍院士。

潍柴入选世界500强，晨鸣、歌尔等4家企业入选中国500强，鲁丽等4家企业入选中国民营企业500强。国家燃料电池技术创新中心等国家级科创平台达到38家，潍坊现代农业山东省实验室、光刻胶省重点实验室等省级科创平台达到317家。

潍坊被评为全国“2020十大最具投资吸引力城市”和“2021年度活力城市”。

渔业岸段
保护岸段
建设岸段
908修测岸
旅游岸段
港口岸段
矿产与能源岸段
海域界限
沙丁鱼
斑头六线鱼
黄鱼
银鲳
带鱼
对虾
毛蚶
文蛤

① 潍坊渔港西侧渔业岸段
② 潍坊渔港渔业岸段
③ 潍坊北部渔业岸段
④ 老河口保护岸段
⑤ 潍坊矿产与能源岸段
⑥ 老河口西侧渔业岸段
⑦ 老河口东侧渔业岸段
⑧ 潍坊港中港区港口岸段
⑨ 海港物流园建设岸段
⑩ 白浪河西侧太阳城城镇建设岸段
⑪ 新弥河口保护岸段
⑫ 海港物流园建设岸段
⑬ 新弥河西侧建设岸段
⑭ 白浪河西侧太阳城城镇建设岸段
⑮ 白浪河西侧建设岸段
⑯ 白浪河口保护岸段
⑰ 潍坊北部渔业资源保护岸段
⑱ 旅游度假区北部滨海旅游岸段
⑲ 欢乐海旅游度假区旅游岸段
⑳ 白浪河东侧城镇建设岸段
㉑ 虞河口保护岸段

潍坊滨海经济技术开发区建设布局示意图

城乡面貌日新月异

全域国家农产品质量安全市

农村生活垃圾无害化处理率达 100%

城市品质大幅提升。潍坊市中心城区建成口袋公园 428 处，647 个小区、95 条道路、389 个混接点完成雨污分流改造；构建起“15 分钟公厕服务圈”，实现公厕 24 小时开放。

乡村振兴加快推进。年粮食播种面积稳定在 1000 万亩以上，总产量保持在 84 亿斤以上。新型农业经营主体发展到 3.6 万家。集体经济收入 10 万元以上村达到6282 个。

重大基础设施支撑能力明显增强。济青高铁、潍莱高铁、济青高速、潍日高速、高铁北站、潍坊火车站南站房等一批重大交通基础设施建成、改扩建完成并投入使用，潍烟高铁、济青高速中线加快建设，潍坊被确定为全国性综合交通枢纽、高铁快运基地。

首条准快速路、首座市政高架立交、首条高架快速路相继建成。潍坊市中心城区打通"断头路"160条，拆除环岛7处，建成过街天桥23处，交通出行更加顺畅安全。

潍坊港吞吐量达
5400万吨

高铁线路与高速公路穿越绿油油的田野

民生和社会事业长足进步

新增城镇就业
52.96 万人

潍坊市财政民生支出占比保持在 80% 以上，累计支出 3094.5 亿元。就业率稳步增长，历史性解决了学校教育“大班额”问题，潍坊市益都中心医院、安丘市人民医院等 7 家医院入围全国县级医院百强，寿光市被确定为国家基层卫生健康综合试验区，在山东省率先建成市智慧养

老服务中心，人均期望寿命达到 79.28 岁。

潍坊创建为首批国家食品安全示范城市，并高分通过国家卫生城市复审，承诺办好的民生实事全部落实，获评国际和平城市、世界“手工艺与民间艺术之都”，被确定为齐鲁文化（潍坊）生态保护区，实现全国文明城市“三连冠”、全国双拥模范城“六连冠”。

新建中小学 277 所
增加学位 29.69 万个
新建幼儿园 789 处
增加学位 14.19 万个

潍坊人民广场

生态环境明显改善

空气质量优良天数达 289 天

潍坊市全力打好污染防治攻坚战，扎实推进中央、省环保督察反馈问题整改，圆满完成“四减四增”三年行动，关停“散乱污”企业 3847 家，万元 GDP 能耗下降

16.7%，煤炭消费当量减少 243 万吨。新增省级以上湿地公园 4 处，总量达到 23 处，居山东省第 2 位。河长制、湖长制、湾长制、林长制、田长制、渔港港长制全面推行。

造林绿化 53 万亩

魅力潍坊，生态家园

社会保持和谐稳定

登记注册社会组织
5105 家

实名注册志愿者
148.5 万人

潍坊市安全生产形势持续向好，亿元 GDP 生产安全事故死亡率下降 29.7%。基层社会治理服务水平稳步提升，各层级社会组织和志愿者在乡村振兴、民生保障、基层治理、疫情防控、抢险救灾等方面发挥了积极作用。三年扫黑除恶专项斗争全面胜利。山东省交办的两年以上信访积案全部清零，潍坊被确定为首批全国市域社会治理现代化试点城市。

政府效能不断提高

全市扎实开展“两学一做”学习教育、“不忘初心、牢记使命”主题教育、党史学习教育。完成政府机构改革，法治政府建设深入推进，数字政府、诚信政府建设成效明显，进一步擦亮了“即应即办、一办到底”12345 政务服务便民热线品牌。潍坊跻身国家首批 12 个社会信用体系建设示范城市，获第一届山东省政府决策咨询奖一等奖 1 项。

国家首批社会信用体系建设示范城市

鲁台会展中心

附 录

《中国国家人文地理·潍坊》文字资料提供（按姓氏笔画排序）：

丁　健　于　鹏　马　康　马永安　王文彬　王永新　王传波
王会波　王宗新　王海洋　邢世明　吕建波　朱九军　刘　杨
刘世亮　刘佳慧　刘剑非　刘继波　孙　楠　李宝垒　李树军
杨效伟　宋　剑　张正阳　张丽丽　张明杰　张建军　季书庭
赵松涛　姚国平　殷常丽　高　斐　郭　川　崔显军　韩　军
焦　凌　慈福连　管延新

《中国国家人文地理·潍坊》图片资料提供（按姓氏笔画排序）：

于　强　王代伟　王秀波　王国良　王晓光　王继林　井玉霞
尹德波　冯启龙　朱　杰　刘华强　许　凯　苏兆海　李永财
李纪芬　李清贵　杨卫国　杨向东　狄成林　宋永强　张兆谦
张国强　张学国　张继红　张景伟　张景国　陈广军　项玉禄
赵　勇　赵德彦　胡良良　俄国庆　侯　刚　侯建元　姜永良
高清波　郭凤海　姬光飞　甄士光

正文第10、40-41、154、200、201、252页图片由视觉中国、FOTOE提供。

责任编辑：王秀秀

执行编辑：苏文师

编　　辑：王　磊　陈　鹏

复　　审：卜庆华

终　　审：陈　宇

整体设计：方　芳

设　　计：方　芳　谢崇桥　常敬贤　孙亚红　赵　娜

地图编绘：姚维娜　潘　倩　王　跃　于灵珊

信息图表：王　跃　方　芳　锋尚设计

插图绘制：萧　沁　周　婧